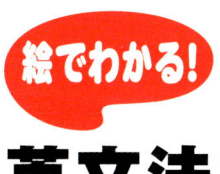

英文法

はしがき

松永暢史

ハリーポッターくらい英語で読めるようになりたいと思う貴方へ。

本書の目的は、英語の初級学習者に英語の全体構造をできるだけ簡明にお伝えすることです。一応受験のプロの私たちからすれば、短期の英語学力向上には、予めの全体像の提示と基礎的な英文法の解説を欠くことはできません。ここでいつもネックとなるのが文法用語です。主語・動詞・名詞・修飾語・形容詞副詞・現在分詞・不定詞…etc。ここに挙げたような言葉は、発達心理学で言う「象徴用語」というジャンルに属する言葉で、通常12歳前後から使うことができるようになると言われています。多くの人がこの文法用語でつまずきます。そして英語学習を本来の直読理解型から和訳暗記型への学習へとシフトしてしまうのです。この結果、日本人の多くが、英語を6年も学校で学んでも使いこなすことができなくなってしまうことになるわけです。しかしここで登場するのが 『絵!』 であります。本書は、これまでとかく学習上の障害となって来た文法理解を、認知言語学を踏まえた上で、可能な限り絵で図式化して理解することができることを目指したもので、これにより多くの人が英語の全体像と基本構造を瞬時に把握して、できるだけ短期に苦労なく高校上級水準に到達する力をつける手助けとなることを目的としています。どうかこのテキストを基に、英語の全体像と基本構造を簡単に学び、グローバル化社会に相応しい国際人の仲間入りを果たして下さい。

河原清志

これは受験生が入試に向けて英語の実力をつけると同時に、受験生だけでなく一般の英語学習者がリーディング・リスニング・ライティング・スピーキングの4つの技術を身に付ける土台を作るための文法書です。

今までの文法書は英語についての知識は教えてくれています。しかし、その知識をどうやって使うのか、頭で何を考えながら英語を使っているのかということにはほとんど配慮がなされていません。にもかかわらず、難解な文法用語を使って説明しているので、英語学習が大変難しいものに思えてしまいます。そこで、この本は必要最小限の文法用語は丁寧に解説しつつ、難解な文法用語は使わないで、英語を実際に使っているときに頭に描く意味を簡単に説明するために、**「絵でわかる」** 工夫をしました。無味乾燥とした単なる規則群としてではなく、実感を伴って生き生きと英語を学習し、英語を使えるようになっていただくためです。

では、使えるための英文法とはどういうものでしょう。そもそも、言語は文の形を取る以上、左から右へと言葉が流れます。我々が一瞬に知覚したり考えたりすることを表現するために、一定の規則で順に左から右へ並べる、それが言語の構造なのです（線条性と言います）。その並べ方の規則、それがまさに文法なのです。そこで、言葉の並べ方をできるだけ分かりやすい規則で提供しようと努めました。そして、言葉を並べながらこんな風に我々はイメージを頭の中に描いているのだ、ということも示しました。このように、使うための英文法という観点で説明をしていますので、こういう発想で文法を学習すれば、受験のための英語学習だけでなく、英会話や英語検定、最終的には同時通訳の方略にも応用できる、使える英語が身に付けられます。

また、これまでの英文法がどういう点で都合が悪いか、をスペースがある限り説明しました。知識としての文法ではなく、使うための文法がどういうものかを、従来の英文法と比較しながらしっかり理解してください。そして頭の中でイメージを描きながら、どんどん英語を使ってみましょう。

目 次

まえがき	2
文法マップ① ── 品詞のからくり	8
事態と言葉の関係 ── 文法とは何か	10
Lesson 1　英語はまず名詞が主役	12
Lesson 2　人称代名詞 ── 名詞の代わりになることば	14
Lesson 3　英語の名詞・冠詞・代名詞 ── 名詞のとらえ方	18
Lesson 4　主語 ➡ 動詞の呼応 ── 英語のもう一つの主役	24
Lesson 5　形容詞 ── 名詞をくわしく説明することば	26
Lesson 6　副詞 ── 文のいろいろな要素をくわしく説明することば	28
Lesson 7　英語のもっとも大切な動詞 ── be動詞 & have動詞	30
Lesson 8　動詞の6変化とは？	36
Lesson 9　動詞の6変化 ── ①原形・②現在形・③過去形	38
Lesson 10　動詞の6変化 ── ④〜ing形＜現在分詞・動名詞＞	44
Lesson 11　動詞の6変化 ── ⑤過去分詞＜受け身・完了時制＞	50
Lesson 12　動詞の6変化 ── ⑥不定詞	58
Lesson 13　動詞の6変化　まとめ	68
Lesson 14　動詞の後に続くのは？ ── 5文型	70
Lesson 15　助動詞 ── 話し手の評価・判断を表すことば	76
Lesson 16　前置詞 ── 空間の位置関係を把握することば	80

Lesson 17	接続詞 —— ことばとことばを結びつけることば	86
Lesson 18	関係詞 —— 名詞をくわしく説明する文	92
Lesson 19	it の用法 —— 「それ」：ものを指し示したり、語順を整理することば	98
Lesson 20	that —— 「あれ」：ものを指し示したり、のりづけすることば	102
Lesson 21	仮定法 —— 事実に反する仮想の世界	106
Lesson 22	比較 —— 2つのもの・3つ以上のものを比べる	110
文法マップ② —— 英文の構造		114
文法マップ③ —— S+V+α それぞれのユニットの作り		116
EXERCISE 例文集（英語 ⇄ 日本語）		118
主要不規則動詞活用一覧表（原形 —— 過去形 —— 過去分詞形）		122
あとがき		124

本書の効果的な使い方
●イメージと連動させながら英文を何度も音読する
●できるだけ短期間で本書全体を学習する

文法の全体像を無理なく理解し、使える文法をすばやくマスターしてもらうのが本書の目的です。細かい文法事項は逐一解説せず、文法の根幹を絵でわかりやすく解説していますので、この本を終えたら、この本を頼りにリーディングやリスニングに取りかかってください。言語運用にかかわる文法はこの本で十分です。そして、もし細かい文法事項を学習する必要が生じたらこの本を頼りに独習してください。きっと本書が一般の英文法書の道しるべになるはずです。

コラム　目次

★文法のとらえ方	14
★thereの用法	25
★命令文	38
★未来形	41
★現在形が使われるケース	42
★分詞とは？	47
★現在分詞と動名詞は、同じ〜ing形	47
★MEGAPFESの呪文	53
★ will と shall の表現	78
★ 複合関係代名詞???	95
★情報の予告と展開	101
★不定詞と 〜ing形の本当の違い	109
★ to は未来を、〜ing は過去を表す?!	109

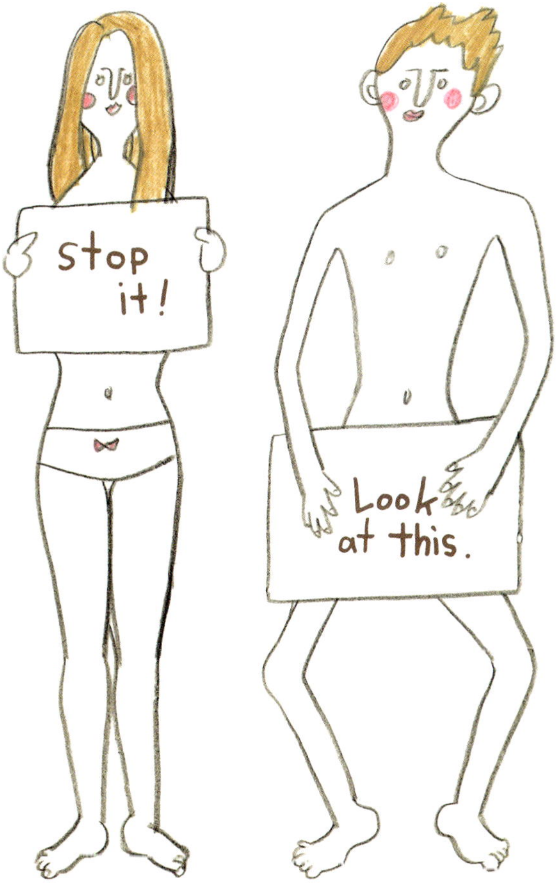

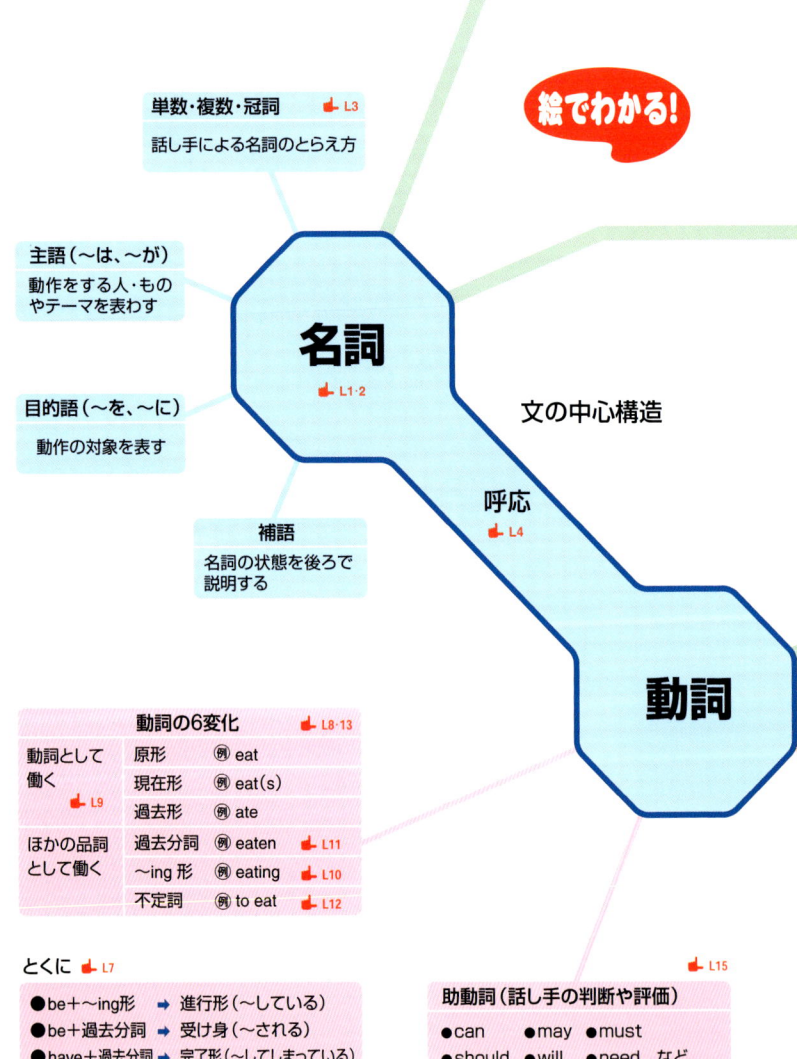

文法マップ① — 品詞のからくり

前置詞 ▶ L16
空間の位置関係

【 前置詞 + 名詞 】のセットで使う
①形容詞的に使う
②副詞的に使う

形容詞 ▶ L5
名詞をくわしく説明

限定用法	名詞の直前 ➡	名詞の特徴を説明
	名詞の直後 ➡	名詞の状態を説明
叙述用法	補 語 ➡	名詞の状態を説明

文のいろいろな要素をくわしく説明
文頭 ➡ 状況を設定する
文尾 ➡ 情報を補足・追加する

比較 ▶ L22
●原級 ●比較級 ●最上級

副詞 ▶ L6
動詞などをくわしく説明

5文型（動詞の後ろに続く5つパターン） ▶ L14
●動詞（+副詞）
●動詞 ─ 補語
●動詞 ─ 目的語（+副詞）
●動詞 ─ 目的語 ─ 目的語
●動詞 ─ 目的語 ─ 補語

文の接続法 ▶ L17・18

that ＋文（〜ということ）　⎤
疑問詞＋文（〜かということ）⎦ ➡ 名詞節
関係詞＋文（〜であるような） ➡ 形容詞節
接続詞＋文（時、理由、条件、逆接など）➡ 副詞節

itの使い方 ▶ L19
●「それ」：指し示す
●語順を整序する

thatの使い方 ▶ L20
●「あれ」：指し示す
●のりづけする

仮定法 ▶ L21
事実に反する想像の世界

事態と言葉の関係

名　詞	……もの・ことがらを表す
動　詞	……名詞と呼応して、名詞の動作・状態を表す
形容詞	……名詞を詳しく説明する
副　詞	……文のいろいろな要素を説明する
前置詞	……もともと空間を把握する言葉で、いろいろな意味を作る　　　　　前置詞＋名詞 のセットで、形容詞・副詞の働きをする
接続詞	……つなぎの言葉。主に 接続詞＋文 のセットで使う

主　語	……動作をする人・ものやテーマを表す
目的語	……動作の対象を表す
補　語	……名詞の状態をうしろで説明する

事態と言葉の関係

<解説>

男の子が女の子と話をしている状況を考えてみましょう。「この子、かわいいな」と頭の中で考えています。さぁ、英語で何といったらいいのでしょう。

そうだ、「君」は英語で"you"、「かわいい」は英語で"cute"だからというので、"You！cute！""You！cute！"と単語を並べて言っても、通じないわけではありません。しかし、複雑な文を作ろうと思うと、単語の羅列では言いたいことを正確に表現できません。やはり文を作る規則を予め理解して使えるようになる必要があります。では、どのようにして規則が使えるようになるでしょう。

まずその前提として、言葉と私たちが住んでいる世界について考えてみましょう。左ページの状況を例に取ります。いま、ここに生きている僕（男の子）がいます。そして、その僕と言葉によってコミュニケーションをとっている君（女の子）がいます。こういう状況で「この子、かわいいな」という僕の心の中の思いをどのようにして女の子に伝えたらいいでしょう。

頭の中では、いま、ここにいる僕が周囲の世界を感じ取って自分にとっての意味を作り上げています。そしてこの子がかわいいという思い（意味）を伝えたいという事態を作っています。このように頭で作り上げている事態を言葉にして相手に伝えるために発せられるのが言葉です。この事態は左の絵のように一瞬のうちに頭で捉えているものです。しかし、それを言葉にするには一定の順序で一つ一つ言葉を並べる必要があります。その並べ方の規則が「文法」なのです。

だとしたら、頭で把握している「事態」とそれを「言葉」にするための規則である「文法」を表裏一体のものとして理解しないと使えるようにはなりません。そこでこの本では、事態を「絵」で表し、言葉を「英文」で表し、それらの規則を「文法」として解説するというやり方で説明していきます。文法が使えるようになるために、「絵」を見ながらどんどん英語で言ってみる練習をしてください。

Lesson 1：英語はまず名詞が主役

重要ポイント

名詞は英語の柱。英語を学ぶうえでは、この名詞の働きを知ることが大事。

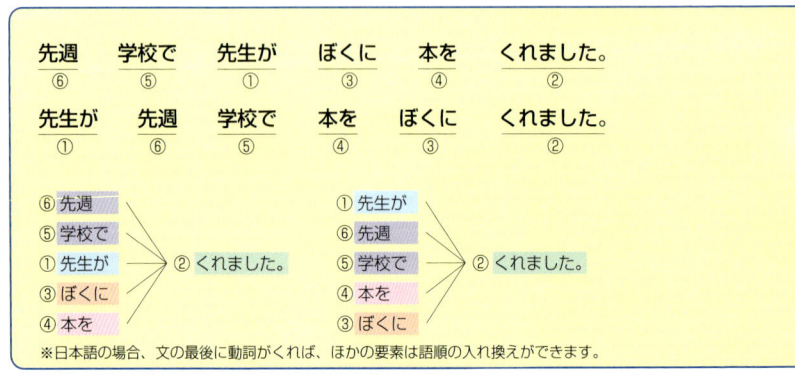

Lesson 1：英語はまず名詞が主役

<解説>

私たちがふだん使っている日本語。そして、これから学ぼうとする英語。この2つの言語の特性を考えてみましょう。私たちが普段使っている日本語は、いろいろな要素を並べ立てて最後に動詞を置くという構造で作られています。

他方、英語というのは基本的にまず主題（テーマ）を言っておいて、それがどうなのか、何をするのか、ということを展開させることによって、文を作る言語です。つまり、ものや人、ことがらを名詞として立て、そのあとに動詞を続けるというのが基本型です。

ですから、日本人である私たちが英語を学ぶ時、まず心得ておかなければいけないのは、この英語の語順の特性です。本書ではまず、次のことをしっかり頭に叩き込んでおきましょう。

「**英語は、まず名詞が文の柱。**」

このような事態をどのように文で表すことが出来るでしょうか。

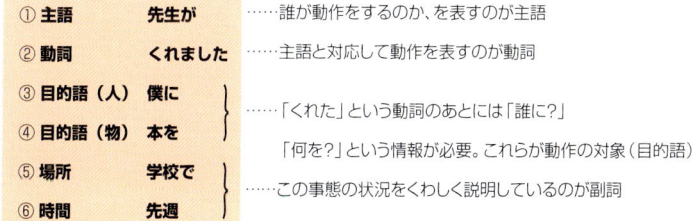

① 主語	先生が	……誰が動作をするのか、を表すのが主語
② 動詞	くれました	……主語と対応して動作を表すのが動詞
③ 目的語（人）	僕に	……「くれた」という動詞のあとには「誰に？」
④ 目的語（物）	本を	「何を？」という情報が必要。これらが動作の対象（目的語）
⑤ 場所	学校で	……この事態の状況をくわしく説明しているのが副詞
⑥ 時間	先週	

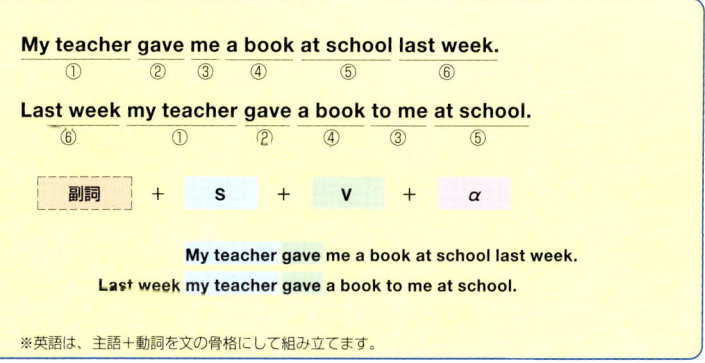

※英語は、主語＋動詞を文の骨格にして組み立てます。

Lesson 2 : 人称代名詞

重要ポイント

英語の人称代名詞は "I、we、you、he、she、it、they" の7つ。文の頭に出てくる「誰が」というのが大切。

コラム★文法のとらえ方★

言葉は書いてみればよく分かりますが、左から右へと情報が流れていきます。しかし、英語を日本語で考えたり訳したりしようとする時には、英語と日本語とでは語順が大きく違うので英語を右から左へと逆行させて分析することが多いです。従来の英文法ではそんなやり方で英語を教わりました。ところが、それだと特にリスニングの時に困ってしまいます。耳から入ってくる言葉は後戻りができなからです。リスニングがうまくできないのは、従来の英文法がこの点をしっかりと見据えていなかったためなのです。本当に使える文法をマスターするためには、**言**

Lesson 2：人称代名詞

<解説>

名詞とは何か？　ということを考える時、「代名詞」について考えてみることも、大切です。

日本語と同様に、英語にも代名詞があります。その中でも、人称を表わす代名詞は日本語と違って、英語では"I、we、you、he、she、it、they"という7つに限られています。ひとつずつ見ていきましょう。

いま、ここで言葉を発している自分のことを指す場合、日本語では「私」「僕」「俺」「我」などといろいろな言い方がありますが、英語では"I"という言葉しかありません。これを「一人称」と言います。そして、1人の場合はすべて"I"、2人以上（複数）だとすべて"we"で表わします。

そして自分とコミュニケーションをしている相手のこと、日本語で言う「あなた」とか「キミ」、これを「二人称」と言いますが、英語はただひとつ"you"しかありません。相手が1人でも、複数でも"you"で表わします。

最後に、ここにいる私たち以外の人のこと、日本語で言う「彼」とか「彼女」を「三人称」と言いますが、彼は"he"、彼女は"she"で表わします。話し手（I）、聞き手（you）、あるいは私たち（we）以外の、男は"he"、女は"she"と区別しています。また、ものを表す場合は、"it"を使います。

そして、彼とか彼女が複数になって「彼ら」と言う時は、すべて"they"を使います。ここにいる私たち以外の複数の人たちは、男でも女でも男女いっしょでも必ず"they"です。同様に、itの複数形もtheyです。

語情報は左から右へ流れること（線条性といいます）を基本に据えて、英文を順送りに理解したり作ったりする練習をしなければなりません。そして、より速く正確に英文を読んだり、正確に聞いたりするには、次にどういう語が来るかを予想できるようにならなければなりません。後続情報の予測が立つと理解が速く、正確になります。従って、本書では語順をとても大切にします。そして、語順どおりに言葉から意味を理解し事態構成をしてゆけるように解説していきます。語順はわれわれの外界のとらえ方、認知の仕方を反映しています。語順とイメージを連動させて、それぞれの文法事項をマスターしていきましょう。

重要ポイント

人称代名詞の格変化（主格、所有格、目的格）はとにかく覚える。

I hit the boll.（ぼくがボールを打つ）

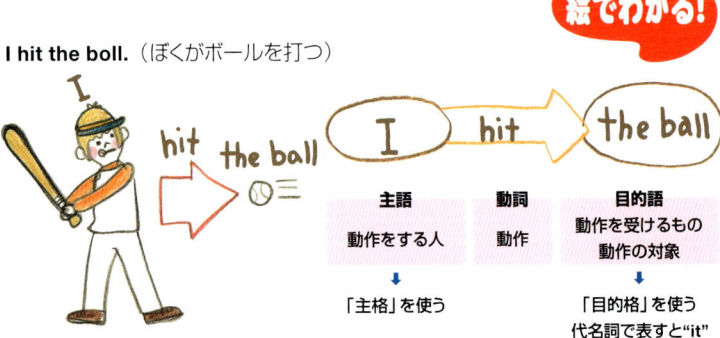

She loves my cat.（彼女はわたしの猫が大好きだ）

		主格	所有格	目的格	所有代名詞
単数	1人称	I	my	me	mine
	2人称	you	your	your	yours
	3人称	he	his	him	his
		she	her	her	hers
		it	its	it	
複数	1人称	we	our	us	ours
	2人称	you	your	you	yours
	3人称	they	their	them	theirs

Lesson 2：人称代名詞

<解説>

英語の人称代名詞には「格変化」というものがあります。人称代名詞が使われている形によって、次の3つに分けられます。

● 主　格：人称代名詞が主語になっている場合
● 所有格：人称代名詞を名詞の前に置いて、その所有者を示す場合
● 目的格：人称代名詞が動作の対象となっている場合
　　　　　これを従来の文法では「目的格」と言っていますが、
　　　　　正確には動詞の「対象」を表したものです。

この「主格」「所有格」「目的格」という人称代名詞の格変化は、日本語にはありません。ですから、私たちが英文法を学習する時、戸惑ってしまいます。なぜでしょうか？それは、日本語には「助詞（格助詞）」というものがあるからです。

日本語の助詞とは「は、が、を、に、の……」などに代表される平仮名1字か2字で表わされるものです。例えば、ある名詞に「が」がつけられると、それが「主語」だとわかり、「を」がつけられると動詞の対象である「目的語」だとわかり、「の」はほとんど所有か所属を表わす、とわかるのです。

英語はこのような仕組みを持つ日本語とは違い、主語を示す場合、所有を示す場合、目的語を示す場合、それぞれ代名詞を変化させるわけです。

一人称の場合でいうと、主語になる「私は」を英語では"I"で、所有の「私の」は"my"で、目的語になる「私を」は"me"で表わします。これは英語の基本ですので、すべての格変化をまず覚えてください。ちなみに、左の表の一番右の列は「所有代名詞」で「〜のもの」という意味です。

Lesson 3：英語の名詞・冠詞・代名詞

重要ポイント

名詞にaやanをつけると、1つ、1人と数えられる名詞として使う。
名詞にsをつけると、2つ以上のもの、2人以上の人として名詞を使う。
もともと数えられない名詞、数を問題としない場合は、そのまま使う。

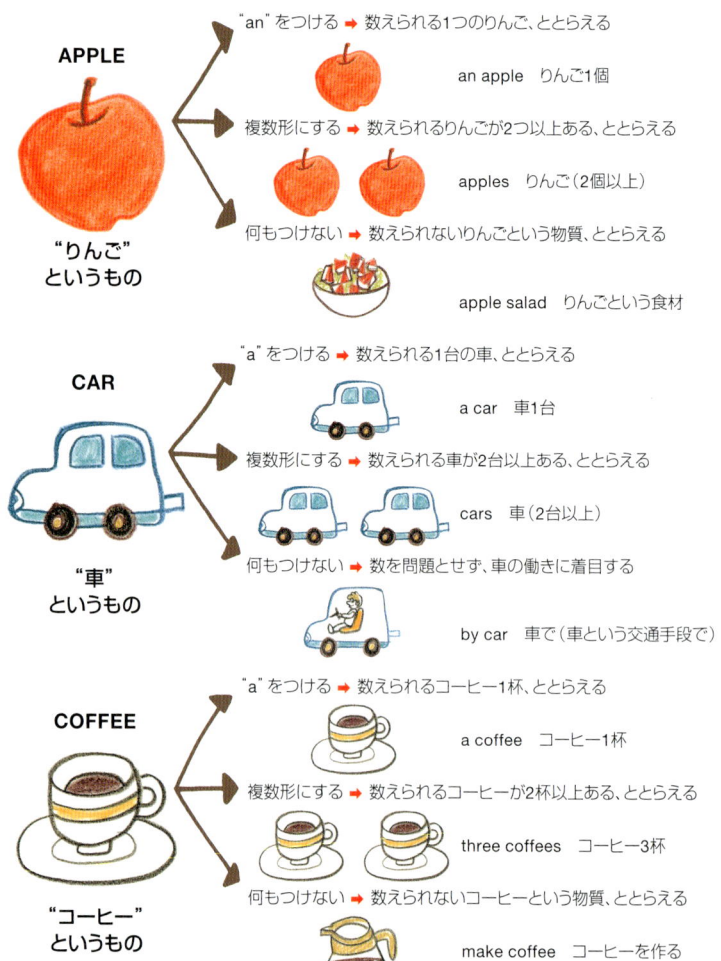

Lesson 3：英語の名詞・冠詞・代名詞

＜解説＞

英語の名詞には、単数と複数があります。

日本語と違って英語では、ものの数にこだわります。たとえば、日本語の場合、「ぼく、本持ってるよ」と言っても、何冊なのかはっきりしません。しかし、英語の場合は"I have a book."と"I have books."では、本の数が違います。a book の場合は単数と言って、1冊のことを指します。books というふうに book に s をつけると、複数と言って、2冊以上のことを指します。

では、「水」の場合はどうでしょうか？ 英語で水は"water"と言います。水は数えられるでしょうか？ 答えは NO ですね。したがって、水の場合は単数、複数という考え方自体が成立しないので、常に"water"なのです。

ここまでが、従来の文法の説明です。しかし、もっとよく考えると、英語の単数・複数の使い方がよくわかるよにになります。

ネイティヴが"a coffee"という言い方をします。コーヒーは水と同じで、本来は数えられません。ところが、a をつけることによって、コーヒー1杯というように、数えられるものとして認識するようになるのです。

逆に、りんごは1個、2個と数えられます。ところが、りんごサラダの場合はどうでしょう。りんごが何個入っているかは、問題ではありませんね。その場合は、りんごは数えられないものとして"water"と同じ扱い方をします。つまり、りんごサラダは apple salad であって、an apple salad（りんご1つのサラダ）や apples salad（りんごが複数個のサラダ）ではありません。ただし、an apple salad は「りんごサラダ1つ」という意味で使います。

by car も同じです。これは「車で」という意味です。この場合、車の台数を特に問題としていないので、a をつけたり s をつけたりしません。ただ単に by car と言います。

a と an の使い分け

● 名詞のはじめの音が「ア・イ・ウ・エ・オ」（母音）
　➡ an をつける。 an orange
● 名詞のはじめの音がそれ以外
　➡ a をつける。 a desk

※ここではわかりやすくするために英語の母音をカタカナで示しています。

> **重要ポイント**

名詞の単数・複数と名詞に the をつける場合とつけない場合をしっかり押さえる。

			（冠詞＋名詞）	（代名詞）
● 相手がどのペンのことを指しているかわかっていない時	→	単数 複数	a pen pens	one ones
● 相手がどのペンのことを指しているかわかっている時	→	単数 複数	the pen the pens	it they

Lesson 3：英語の名詞・冠詞・代名詞

＜解説＞

名詞に関連したものとして、冠詞と代名詞を扱います。特に冠詞は日本語にはないものですので、注意が必要です。引き続きここでもう少し詳しく見てみましょう。

英語では、ある名詞を数えられるものとして認識する場合と、数えられないものとして認識する場合とで冠詞の使い方が異なります。また、名詞を使う時に聞き手がその名詞を了解しているかどうかでも冠詞の使い方が異なっています。

● **不定冠詞（a / an）** ものを数えられる1つのものとして認識する
　　　　　　　　　＝いくつか同じものがあって、その中の1つをさす場合に使う
There is a school over there.（あの向こうに学校があります）
➡ school（学校）を1校の学校というふうに1つのものととらえる

● **無冠詞** ものを数えられないものとして認識する
　　　　＝もともと数えられない名詞、数えられる名詞でもその数を問題としない場合に使う
I go to school.（わたしは学校に行きます）
➡ school を教育を受ける場としてとらえ、数を問題としていない

● **定冠詞（the）** 話し手が何を話題にしているかを聞き手が了解している場合に、
　　　　　　　　名詞の単数形・複数形とともに使う
I live near the school.（わたしは学校の近くに住んでいます）
➡ その学校の近くに、というふうに、相手がどの school を指しているか了解している

定冠詞 the の使い方に苦慮する人が多いですが、上のような理解をすると次のことも分かってきます。

★ the＋既出名詞、the＋最上級・序数、は相手がどの名詞を指しているか了解できるので the をつける。また、sun（太陽）, moon（月）, earth（地球）など、世に1つしかないものも相手が了解しているものなので the をつける。

＜まとめ＞

● **a / an と複数形**

りんご
- 有形で1つ　➡ an apple
- 有形で2つ以上　➡ apples
- 無形　➡ apple

● **the の有無**

the をつけるのは、相手（聞き手・読み手）がその対象を話し手と共有している場合。
- 相手が了解している　➡ the apple, the apples
- 相手が了解していない　➡ an apple, apples, apple

重要ポイント

名詞の単数・複数、冠詞の使い方と代名詞の使い方を連動させて覚えよう。

絵でわかる！

● 2つペンがあるとき

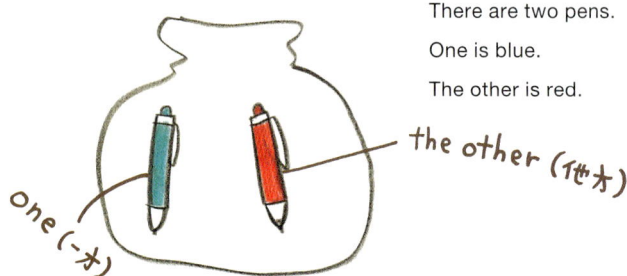

There are two pens.
One is blue.
The other is red.

2つの うち
- 一方　one　（2つのうちどの1つが選ばれるか、相手はわからないので、不特定の one）
- 他方　the other　（1つ選ばれると他方は特定され、相手がどのペンだかわかるので、特定の the と「別の」を表わす other が合体した the other）

● 3つ以上のペンがあるとき

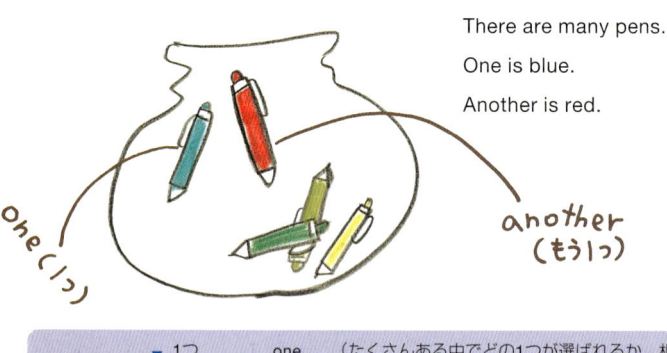

There are many pens.
One is blue.
Another is red.

3つ以上 のうち
- 1つ　　　　one　　　（たくさんある中でどの1つが選ばれるか、相手はわからないので、不特定の one）
- もうひとつ　another　（もう一方も、どの1つが選ばれているか、相手はわからないので、不特定の an と「別の」を表わす other が合体した another）

Lesson 3：英語の名詞・冠詞・代名詞

● 3つ以上ペンがあるとき

There are many pens.
Some are blue.
Others are red.

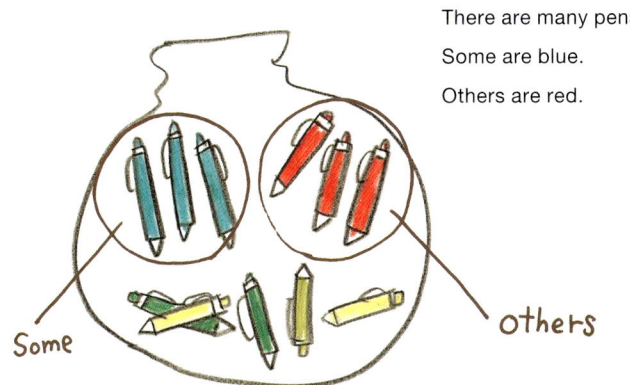

集合の中から
- 一部　some（複数あるので some）
- 別の一部　others（別の複数のものなので other の複数 others）

● 3つ以上ペンがあるとき

There are many pens.
Some are blue.
The others are red.

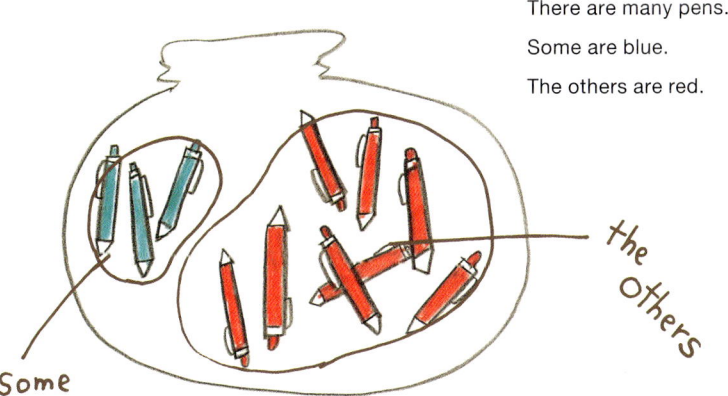

集合の中から
- 一部　some（複数あるので some）
- 残り全部　the others（別の複数のもので others だが、残り全部なので、相手がどれのことを指しているかわかっている。したがって、特定の the をつけて the others）

Lesson 4：主語 ➡ 動詞の呼応

重要ポイント

英語の動詞は、主語の名詞の数・人称に呼応する。呼応とは、文中で前後の語句が一定の決まりで、互いに関係しあうこと。

be 動詞（現在形）

I　→　am　in this room.
You　→　are　in this room.
She　→　is　in that room.
We　→　are　in this room.

一般動詞（現在形）

I　→　walk to　school every day.
You　→　walk to　school every day
She　→　walks to　school every day.

※主語が **3人称単数** の時だけ、動詞に **s** をつけて呼応する。

We　→　walk to　school every day.

Lesson 4：主語 ➡ 動詞の呼応

<解説>
英語では何度も言うように名詞が重要です。そして文の最初に出てきた名詞が主語として立てられた瞬間に、動詞の形が決定します。つまり、主語に応じて動詞の形が決まる、というルールが英語にはあるのです。
主語の人称により、次のようになります。

● be 動詞（現在形）
　単数の場合：I am、you are、he（she, it）is
　複数の場合：we are、you are、they are
● 一般動詞（現在形）
　3人称単数（he、she、it）の時だけ、動詞に s をつける。

コラム★thereの用法★

存在（〜がある、いる）を表す場合、**不特定の人やもの**（どれのことを言っているか相手が了解していない場合）は

　There is a map on the wall.（壁に地図があります）

という風に、まず **There is（are）** と言ってからその後にその人やものを言い、そして場所を言います。
それに対して、**特定の人やもの**（相手がどれのことを言っているか了解している場合）は

　My house is near the station.（私の家は駅の近くにあります）

という風に、その人やものを言ってから、be 動詞を言って、そして場所を言います。

　ところが、現実には
There is the big problem　money！（大問題がある ― お金だ！）
のように、**目の前にあるものを描写したり特定の何かがあることを強調する場合**は There is 構文を使う例もかなり多いです。

Lesson 5：形容詞

重要ポイント

形容詞は、名詞を詳しく説明するもの。
名詞の前に置かれる形容詞 ➡ その名詞の特徴（属性）を説明する。修飾語。
名詞の後ろに置かれる形容詞 ➡ その名詞の状態を説明する。補語。

● **修飾語**……名詞を限定し、名詞の特徴を説明する働き。

That tall boy is Bob.
限定

男の子の中で、背の高い男の子に限定して話をしている。

● **補語（後置修飾も）**……名詞の状態を説明する働き。

That boy is tall.
説明

男の子はどうなのか？というと、is の後ろに tall を置いて、背が高いという男の子の状態を説明している。

Lesson 5：形容詞

<解説>

名詞を使う場合、その名詞がいったい「どういうもの・どういう人」なのかを詳しく説明したい場合が出てきます。たとえば「昨日、野球選手に会ったよ」「どんな人だった？」「背の高い人だったよ」というやり取りの「背の高い」が形容詞です。英語だと、

―I met a baseball player yesterday.

―What was he like？

―He was a tall man.

この場合 "He was a tall man." と答えると、彼は背の高い人だった、というふうに「人」を「背の高い」が修飾しています。つまり、tall は**名詞の前に置かれて** man という**名詞の特徴を説明**しています。これを**「限定用法」**と言います。

―He was tall.

と答えると、彼は背が高かった、というふうに「彼」がどういう状態だったかを述べています。この場合、was という**動詞の後ろに置いて**、「背の高い」という**主語の状態を説明**しています。これを**「叙述用法」**と言います。補語の役割をします。

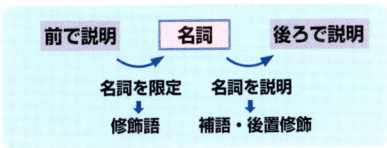

※情報は常に左から右へ流れます

---

1. That boautiful lady is my teacher.
   　　　　限定 ➡ 修飾語
   女性のうち「あの美しい女性」と限定している。
   「美しい」を「女性」より先にとらえて、「女性」の特徴・属性を表わしている。

2. My teacher is beautiful.
   　　　　　　　説明 ➡ 補語
   私の先生がどうなのか、というと、先生は「美しい」というふうに説明している。

3. The man rocponsible for the meeting is Mr.Yamada.
   　　　説明 ➡ 後置修飾
   まず「男性」と言っておいて、その人がどういう人かというと、その後ろにresponsible for the meeting（ミーティングに責任のある）を置いて（後置修飾）、詳しく説明している。

Lesson 6：副詞

重要ポイント

副詞は、動詞・形容詞・副詞を詳しく説明（修飾）したり、これから述べたい文の前置き的な説明をする場合に使う。

That car is going fast.

あの車は走っている　　速く
　　　　　　　（どんなふうに？）

※情報は常に左から右へ流れます

She is cute. 彼女はかわいい

（どんなふうに？）

She is very cute.

彼女はとってもかわいい

That car is running fast.

あの車は速く走っている
（どんなふうに？）

That car is running very fast.

あの車はとても速く走っている

絵でわかる！

He studied a lot.

彼は一生懸命勉強した。

Naturally, he passed the exam.

当然のことに、彼は試験に合格した。

Lesson 6：副詞

<解説>

文を作る場合、主語・動詞のみでは詳しい事態をとても表わしきれません。たとえば「車が走っているね」と言っても、どんなふうに走っているかは、これだけでは説明できていません。その場合、たとえば「速く」とか「ゆっくり」といった言葉を使います。これらの言葉は、走っている様子がどうかを詳しく説明するものです。これを「副詞」と言います。

1. **That car is going fast.**　あの車は速く走っている。
   動詞　　　副詞
   　うしろで説明

fast は走っているさまがどんなふうかを詳しく説明（修飾）しています。この場合「走る」（動詞）を修飾しています。動詞を修飾する副詞は、文頭か文尾に置きます。

2. **She is very cute.**　彼女はとってもかわいい。
   副詞　　　形容詞
   　限定

veryはかわいいさま（程度）がどんなふうかを詳しく説明（修飾）しています。この場合「かわいい」（形容詞）を修飾しています。形容詞を修飾する1語の副詞は、形容詞の前に置きます。

3. **That car is going very fast.**　あの車はとっても速く走っている。
   副詞　　　副詞
   　限定

very は速いさま（程度）がどんなふうかを詳しく説明（修飾）しています。この場合「速く」（副詞）を修飾しています。副詞を修飾する1語の副詞は、副詞の前に置きます。

4. **He studied a lot.**　　　　　　　彼は一生懸命勉強した。
   Naturally, he passed the exam.　当然のことに、彼は試験に合格した。
   副詞　　　文全体
   　前おき

文頭に副詞を置いて、これから述べる文についての前提や判断・評価を前置きとして述べます。

Lesson 7：英語のもっとも大切な動詞
——be動詞 & have動詞

重要ポイント

be動詞とhave動詞の本質的な意味をしっかりと押さえて、図ではっきりとイメージを持つようにする。

X
Y

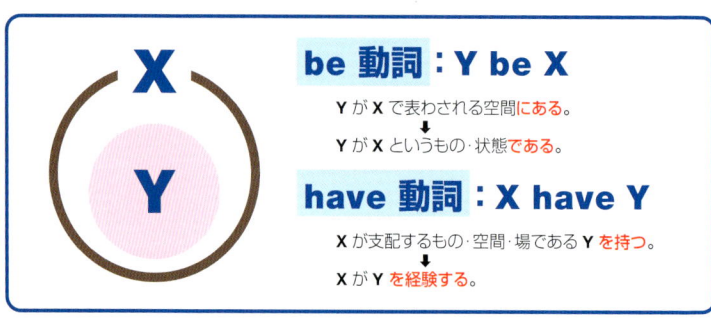

be 動詞：Y be X

Y が X で表わされる空間にある。
⬇
Y が X というもの・状態である。

have 動詞：X have Y

X が支配するもの・空間・場である Y を持つ。
⬇
X が Y を経験する。

絵でわかる！

Y be X

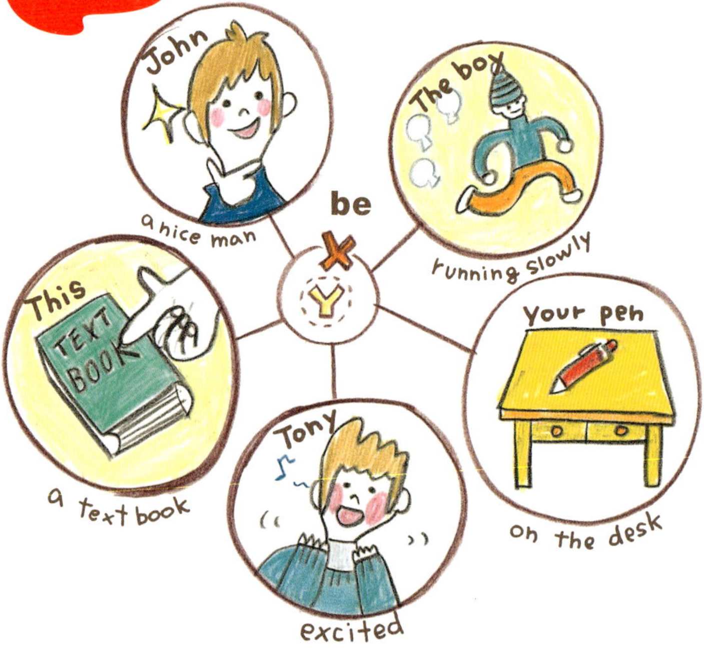
John
a nice man
The boy
running slowly
be
X
Y
This
TEXT BOOK
a text book
your pen
on the desk
Tony
excited

Lesson 7：be動詞 & have動詞

<解説>

● be 動詞と have 動詞のコア（本質的な意味）

これまでの英文法では、be 動詞は①説明、②存在、としか説明がなく、be 動詞を使ったその他の表現（進行形、受け身など）との関係がよく見えませんでした。また、

① He is very tall.（彼は背が高い）

② He is in the garden.（彼は庭にいる）

という場合、なぜ後ろに来るものによって同じ be 動詞に ① ② の意味の違いが出るのかの核心を突いた説明が全くなされていませんでした。これは have も全く同じです。詳しくは左ページの図と説明を参照してください。be 動詞と have 動詞の本質的な意味をしっかりと押さえて、図ではっきりとイメージを持つようにしてください。

● be 動詞

まず be 動詞のコアをつかんだ上で、いろいろな使い方をマスターしましょう。

Y	be	X

① Y が X で表される空間に**ある**。
② Y が X というもの・状態**である**。

Y	be	X	
① John	is	**a nice man.**	（名詞）
		ジョンは素敵な人（というもの）である	
② This	is	**a textbook.**	（名詞）
		これは教科書（というもの）である	
③ Tony	is	**excited.**	（過去分詞 = 受け身）
		トニーはワクワクしている（という状態にある）	
④ Your pen	is	**on the desk.**	（前置詞句）
		きみのペンは机の上（という空間）にある	
⑤ The boy	is	**running slowly.**	（〜ing 形 = 進行形）
		その男の子はゆっくり走っている（という状態にある）	

be 動詞 ＝ 説明（〜である）& 存在（〜がある）

● be 動詞 ＋ 〜ing ＝ 進行形（〜している） ➡ Lesson 10

● be 動詞 ＋ 過去分詞 ＝ 受け身（〜される） ➡ Lesson 11

レッスンつづく

重要ポイント

haveのコアは所有・経験。

X have Y

Lesson 7：be動詞 & have動詞

＜解説＞

● have 動詞

まず have 動詞のコアをつかんだ上で、いろいろな使い方をマスターしましょう。

X	have	Y

① **X** が支配するもの・空間・場である **Y** を持つ。
② **X** が **Y** を経験する。

	X	have	Y	

① I have **a lot of coins.**（具体的な所有物である名詞）
   僕はコインをたくさん持っている。

② I had **three guests.**（経験空間に入ってきた名詞）
   私は3人お客さん（を持った→）が来た。

③ I had **a good time.**（経験する時間としての名詞）
   私は素晴らしい時を（経験した→）過ごした。

④ I had **breakfast already.**（出来事としての名詞）
   僕はすでに朝食を（経験した→）食べた。

⑤ I have **seen a panda.**（過去分詞＝完了形。経験を表す）
   私はパンダを見た（経験を持っている→）ことがある。

⑥ I have **to go out today.**（不定詞＝〜しなければならない）
   私は今日（これから）外出（すべき予定を持っている→）しなければならない。

⑦ I had **my father wash the car.**（第五文型。出来事を表す）
   私は（父が車を洗うことを経験した→）父に車を洗ってもらった。

⑧ I had **my father die on me last year.**（第五文型。出来事を表す）
   僕は去年（父が死ぬという経験をもった→）父に死なれた。

---

have 動詞 ＝ 所有（〜を持っている）& 経験（〜を経験する）

● **have to ＝ 〜しなければならない** ➡ Lesson 15

● **have ＋ 過去分詞 ＝ 〜したことがある** ➡ Lesson 11
　　　　　　　　　　　〜してしまっている
　　　　　　　　　　　ずっと〜してきている

重要ポイント

be動詞とhave動詞はとても大切なので、もう一度確認する。

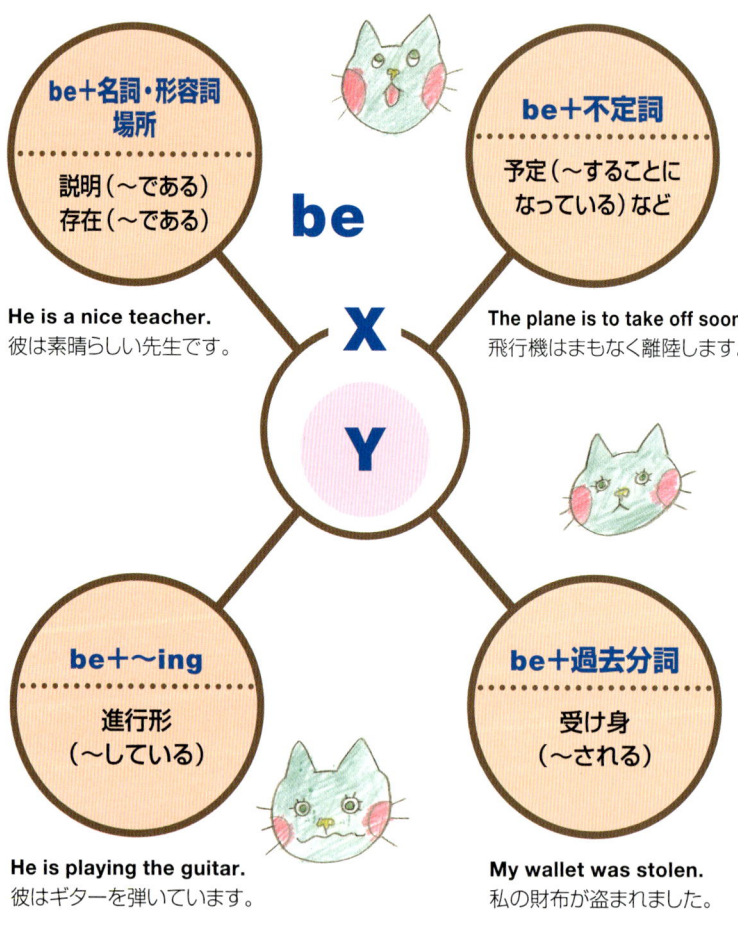

Lesson 7：be動詞 & have動詞

have

have＋名詞
所有（～持っている）
経験（～を経験する）

He has a nice jacket.
彼は素敵なジャケットを持っています。

have＋不定詞
～しなければならない

I have to do the laundry.
私は洗濯をしなければなりません。

have＋過去分詞
経験・完了
継続

I have already eaten lunch.
私はもうお昼を食べてしまいました。

have＋目的語＋～ing形
～に…させておく
～が…している状況がある

I have a final exam coming soon.
私は期末試験がまもなくあります。

have＋目的語＋過去分詞
～を…される
～を…してもらう

I had my hair done.
私は散髪をしてもらいました。

Why don't you have him cut your hair？
彼に髪を切ってもらったらどうですか。

have＋目的語＋原形
～に…してもらう
～が…するのを経験する

これら be 動詞と have 動詞を使った文法事項をこのあと Lesson 8〜13 で見ていきます。

Lesson 8：動詞の6変化とは？

重要ポイント

①原形 ②現在形 ③過去形は、動詞として使う。
④〜ing ⑤過去分詞&不定詞は、動詞を名詞・形容詞・副詞的に使う。
それぞれのニュアンスをしっかり押さえる。

動詞の例

原形	現在形	過去形	過去分詞	〜ing形	不定詞
play	play（s）	played	played	plating	to play
eat	eat（s）	ate	eaten	eating	to eat
take	take（s）	took	taken	taking	to take

Lesson 8：動詞の6変化とは？

<解説>

従来の英文法ではいろいろなところで細切れに出てくるのがこの「動詞の6変化形」です。あちこちに出てきますが、すべてを取りまとめてスッキリとした説明がなかなかなされていないので、各々暗記せざるを得ないのが現状です。

まず、動作や状態を表す動詞を想定する時、いつの動作・状態であるか（時制）を下の②③を使い分けることによって表現します。また、動詞を名詞的・形容詞的・副詞的に使うことによって、表現にバリエーションを持たせることができ、下の④⑤⑥を使い分けます。（①は次のレッスンで説明します）

それでは、まず「動詞の6変化」とそのポイントを挙げます。

① 原形	（辞書に出ている形）抽象的な出来事としての動作・状態を表す。動詞として働く。
② 現在形	日常の習慣的なこと、現在のこと、一般的な真理を表す。動詞として働く。
③ 過去形	現在とは断ち切られた、昔のこと（過去）を表す。動詞として働く。
④ 〜ing形 （動名詞・現在分詞）	「（現に）〜している」というニュアンスを表す。名詞・形容詞・副詞的に働く。
⑤ 過去分詞	「もう〜してしまった」「〜された」というニュアンスを表す。形容詞・副詞的に働く。
⑥ 不定詞	「これから〜する」というニュアンスを表す。名詞・形容詞・副詞的に働く。

そして、④〜⑥は次の文法事項で使われます。

- 進行形 ＝ be ＋ 〜ing（④）
- 受け身 ＝ be ＋ 過去分詞（⑤）
- 完了形 ＝ have + 過去分詞（⑤）
- have to（一般には助動詞扱い）（⑥）
- be 不定詞（⑥）

Lesson 9：動詞の6変化 — 原形

重要ポイント

原形は、抽象的な出来事としての動作・状態を表わす。したがって、数・人称による語形変化はない。

- Open the door.
- I will open the door.
- I had my son open the door.

絵でわかる！

コラム ★命令文★

人に命令する文を考えてみましょう。命令するということは、まだその行為は実現されていませんね。ですから、命令文では、抽象的な出来事としての動作・状態を表わす「原形」が用いられます。たとえば、

Open the door.（ドアを開けてください）

これは、まだドアが開いていないので、命令している相手に動作を投げかけることによって、命令しています。

Lesson 9：動詞の6変化── 原形

<解説>

みなさんが英語の辞書を引いた時、そこに出ている単語が「原形」です。この「原形」は、次の場合に使われます。

> 1. **助動詞の直後にくる場合**（英語では助動詞は動詞の直前に置かれます）。
> 2. **前置詞"to"の直後に来て、不定詞になる場合**
>   （ふつう前置詞の後は名詞がきますが、唯一、例外的に動詞の原形がきます）。
> 3. **第5文型で、目的語の直後に来る場合**（詳しくは Lesson 14 で説明します）。
> 4. **命令文。**

他にもありますが、主に以上のケースで原形が用いられます。細かいことを言えば、原形は「抽象的な出来事としての動作・状態」を表わします。これはLesson 14で詳しく説明します。では、4つのケースについて、例文を使って説明してみましょう。

1. He can do this work in an hour. 彼はこの仕事を1時間でできる。
   ➡ can という助動詞の後の do は原形。
2. I am studying English to go to America. 私はアメリカへ行くために英語を勉強している。
   ➡ to の後の go は原形。
3. I had my father wash my car. 私は父親に車を洗ってもらった。
   ➡ my fatherという目的語の直後に置かれている wash は原形。
4. Open the window. 窓を開けてください。
   ➡ 文頭の open は原形。

Don't open the door. （ドアを開けないでください）

これは、開けないように相手に仕向けているので、否定を表わす not を使います。その時、don't を使います。

Please open the door.／Open the door, please.

これは、please を使うことで、丁寧な表現になります。しかし、please を使うかどうかは状況によりますので、please を使わなくても失礼でない場合もあります。

Lesson 9：動詞の6変化 ── 現在形

重要ポイント

現在形は、日常の習慣、真理、現在の動作・状態を表わす。

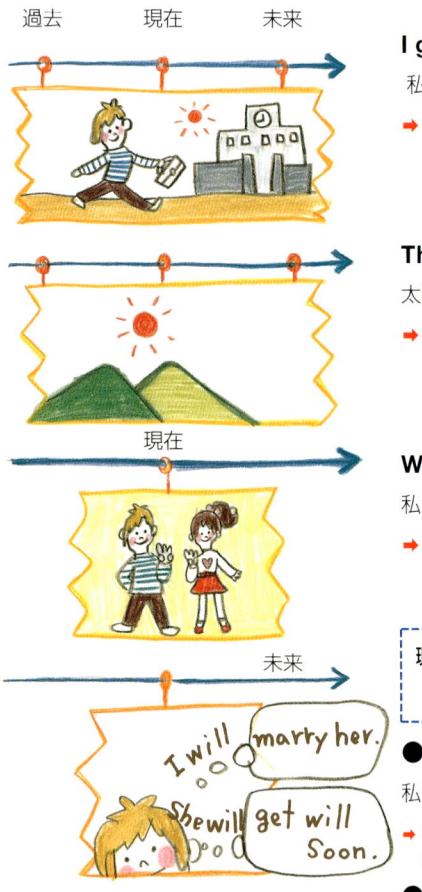

過去　　現在　　未来

I go to school every day.

私は毎日、学校に行っています。

➡ 習慣的な動作を表わす。

The sun rises in the east.

太陽は東から昇ります。

➡ 一般的な真理を表わす。

現在

We are in the third grade.

私たちは3年生です。

➡ 現在のことを表わす。

未来

> 現在形の will ➡ ～するつもりだ（意志）
> 　　　　　　　　～するだろう（推量）

● **I will marry her.**

私は彼女と結婚するつもりだ。

➡ 将来行なうことについての**現在の意志**を述べる。

● **She will get well soon.**

彼女はすぐに良くなるだろう。

➡ 将来、彼女は良くなるだろう、と**現在推量**している。

Lesson 9：動詞の6変化 —— 現在形

<解説>

現在形は、いま、ここにいる私が、現在との連続性のある動作・状態を表わす場合に使います。

原形と現在形は一見、形が同じなので、同じものだと思っている人が多いかもしれませんが、現在形では主語が3人称単数の場合、一般動詞に s をつけることは Lesson 4 で述べました。原形は Lesson 9 で述べたように、語形変化しません。

● 現在形は、**日常的に習慣として行なっているような状態**を表わします。

    I go to school. 私は学校に通っています。

   ➡ 昨日もきょうも明日も通うので、仮に昨日、学校に行ったとしても、過去形ではなく現在形を使います。

● **不変の真理**も現在形を使います。

    The sun rises in the east. 太陽は東から昇ります。

● **現在の動作・状態**も現在形を使います。

    We are in the third grade. 私たちは3年生です。

コラム★未来形★

未来形ということをよく言いますが、英語には本来、未来形はありません。しかし、未来のことを言う表現はあります。

突然ですが、あなたに将来はありますか？

答えは YES かもしれないし、NO かもしれませんね。それが正しい答えです。そこで、このように不確かである未来のことを述べる時、英語では2つの方法があります。

 ①**意志：将来これから～する意志がある。**

    I will do my best. ぼくはベストをつくすつもりだ。

 ②**推量：将来～するだろう（なるだろう）**

    It will rain tomorrow. 明日は雨が降るだろう。

これらはいずれも、現在の将来に対する意志を述べたり、現在から将来を推量しているので、あくまでも現在形なのです。したがって、過去から見た未来は、will の過去形 would で表現します。

Lesson 9：動詞の6変化 ── 過去形

> **重要ポイント**

過去形は、現在とは断ち切れた過去のことを回想する場合に使う。

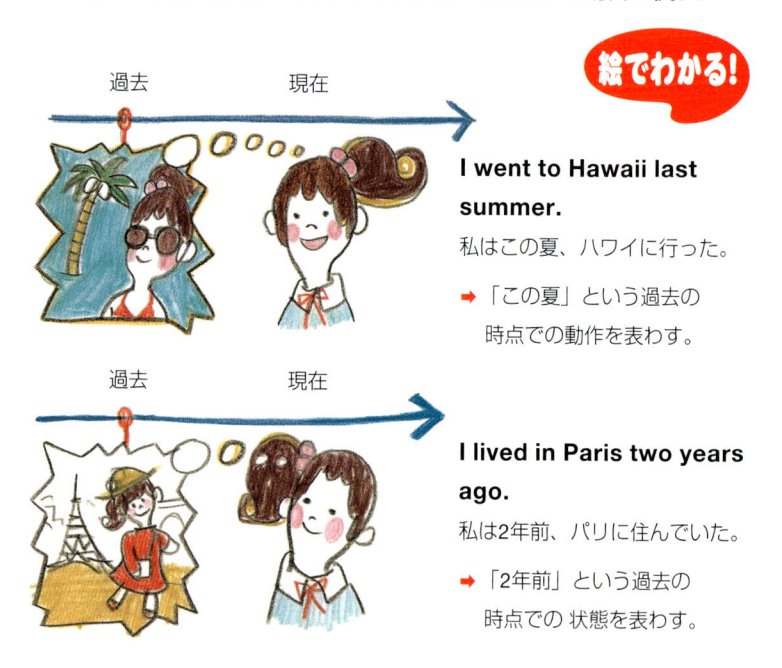

過去　　　現在

I went to Hawaii last summer.

私はこの夏、ハワイに行った。

➡ 「この夏」という過去の時点での動作を表わす。

過去　　　現在

I lived in Paris two years ago.

私は2年前、パリに住んでいた。

➡ 「2年前」という過去の時点での状態を表わす。

コラム★現在形が使われるケース★

時や条件を表す副詞節の中では、未来のことを現在形で表す、と従来の文法で習います。

例えば、

I will tell you when he comes. （彼が来たら教えてあげるよ）

この文の when he comes の部分は、動詞が現在形になっていますので副詞節です。if が条件を表していて、推量の will をつける必要がないために will をつけずに現在形を使っています。

Lesson 9：動詞の6変化——過去形

＜解説＞

過去形は、いま、ここにいる私が現在とは断ち切られた過去のことを、いま、ここで回想しながら表現する時に使います。

過去形は一般的に、動詞の後ろに"ed"をつければいいことになっていますが、ここで多くの人たちを悩ませるのが「不規則変化の動詞」です。たとえば、"see"（見る）という動詞は"see, saw, seen"と変化します。この3番目の変化は「過去分詞」というものですが、これは後で説明します。

不規則変化の動詞については、巻末に一覧表を載せておきましたが、実は英語の重要な動詞はそもそも不規則変化だったと思われます。巻末の表を見ていただけばわかるとおり、出てくる動詞は全部、重要な動詞ばかりです。どれも、日常生活で欠くことのできない動詞です。

不規則変化の動詞を面白がって覚えてほしいと思います。

ここでは特に大切な be 動詞をとりあげておきます。

原形	現在形	過去形
be	is	was
	am	
	are	were

しかし、**意志を表す場合は副詞節でも will を使います。** will は現在の意志を表すものですから、当然といえば当然です。

If you will take my advice, I will help you.
（私のアドバイスを聞くつもりがあるのなら、手伝ってあげよう）

Lesson 10：動詞の6変化
── 〜ing形＜現在分詞＞

重要ポイント

〜ing形を形容詞・副詞的に使うと「現に〜している、〜していて」の意になる。

● 進行形

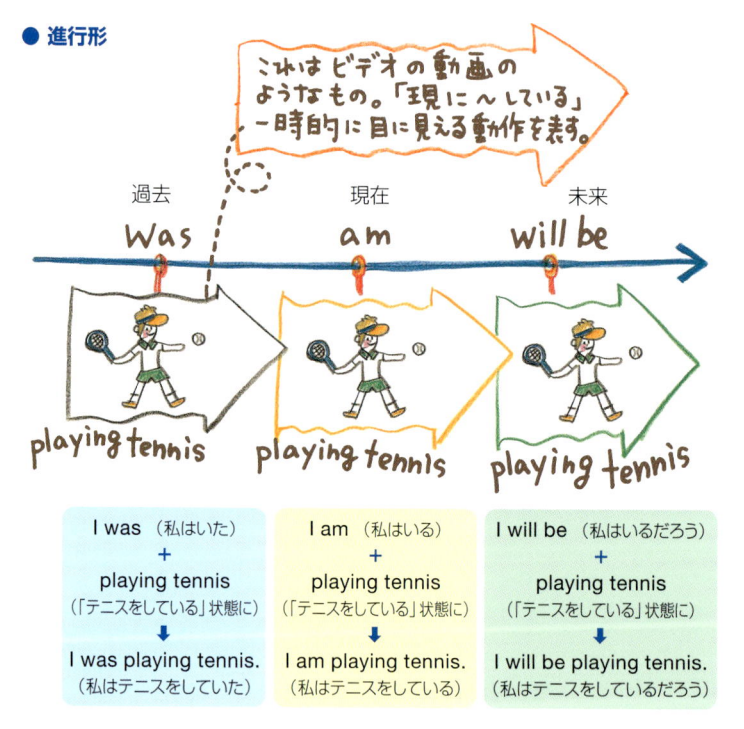

これはビデオの動画のようなもの。「現に〜している」一時的に目に見える動作を表す。

過去　　　　　　　現在　　　　　　　未来
was　　　　　　　am　　　　　　　will be

playing tennis　　playing tennis　　playing tennis

I was （私はいた）	I am （私はいる）	I will be （私はいるだろう）
+	+	+
playing tennis	playing tennis	playing tennis
(「テニスをしている」状態に)	(「テニスをしている」状態に)	(「テニスをしている」状態に)
↓	↓	↓
I was playing tennis.	I am playing tennis.	I will be playing tennis.
（私はテニスをしていた）	（私はテニスをしている）	（私はテニスをしているだろう）

● 修飾語

The boy　　　　playing tennis　　is　　Tom

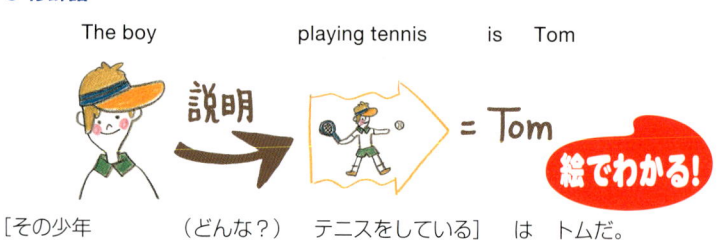

説明 → = Tom

絵でわかる！

[その少年　　（どんな？）　テニスをしている]　は　トムだ。

Lesson 10：動詞の6変化──〜ing形＜現在分詞＞

＜解説＞

原形に "ing" をつけて表わしたものが 〜ing形です。従来の英文法だと動名詞・現在分詞を完全に分断して説明をしていますが、それでは本質がうまくつかめません。まず、意味と働きとを分けて考えてみましょう。

● **〜ing形の意味・ニュアンスは「（現に）〜している」「（目に見える形で）〜している」。**
● **〜ing形の働きは、Ⓐ 名詞的、Ⓑ 形容詞的、Ⓒ 副詞的な働き。**

> Ⓐ **名詞的に働く場合**
> 一般的には「動名詞」と言います。**「〜している（する）こと」**という意で動詞を名詞化したものです。名詞ですから、主語・動詞の目的語・前置詞の目的語・補語になります。
>
> Ⓑ **形容詞的に働く場合**
> 一般的には「現在分詞」と言います。**「現に〜している」**というニュアンスを表します。形容詞ですから、名詞を修飾する用法と、補語として使う用法（進行形）があります。
>
> Ⓒ **副詞的に働く場合**
> 一般的には「分詞構文」と言います。**「現に〜していて」**というニュアンスを表します。副詞ですから、独立して文全体を修飾します。

このレッスンでは、②形容詞として働く「現在分詞」と③副詞的に働く「分詞構文」の用法を見ていきます。

Lesson 5で説明したように、**形容詞には2つの用法があります。**

> ① **名詞の前に置いて名詞を修飾する用法。**
> ・an interesting book（面白い本）は interest（人の興味を引く）を現にしている（「人の興味を引いている」）で interesting（面白い）。
> ・an exciting game（ワクワクさせるゲーム）は現に excite させているゲーム。

レッスンつづく

② **名詞の後ろに置いて名詞の状態を説明する用法。**

特に、be動詞の後ろに使う時は、補語として主語の説明をします。これが「進行形」に他なりません。

＜進行形＞ That boy is running.（あの男の子は走っている）
　　　　➡ be+〜ing形で進行形（②の用法）
＜修飾語＞ Look at that running boy.
　　　　（あの走っている男の子を見てごらん）
　　　　➡ 修飾語が1語のときは名詞の前に置く（①の用法）
＜進行形＞ The girl is playing tennis with Tom.
　　　　（あの女の子はトムとテニスをしている）
　　　　➡ be+〜ing形で進行形（②の用法）
＜修飾語＞ The girl playing tennis with Tom is my friend.
　　　　（トムとテニスをしている女の子は私の友達だ）
　　　　➡ 修飾語が2語以上のときは名詞の後ろに置く（②の用法）

Lesson 10：動詞の6変化──～ing形＜現在分詞＞

次に、③**副詞として働く「分詞構文」の用法**を見ていきます。

～ing形は先述の通り「現に～している」というニュアンスを表します。それを、完全な文の前や後につけると、文全体を修飾して**「現に～していて」**という意を表します。これを**「分詞構文」**と言います。たとえば、

Seeing me, he ran away.

「（現に）私を見ている状態で、彼は走り去った」というのは、私を「見て、そして走り去った」とも解釈できるし、「見るやいなや走り去った」とも解釈できます。分詞構文の分詞の部分は、会話では、文の後ろに置いて意味を付加する時に使いますが、文語では前に置くこともよくあります。

コラム★分詞とは？★

現在分詞（～ing）と過去分詞（～ed）は、動詞の形を変えて、動詞以外の働きで使うために、動詞から分かれてできた詞（ことば）です。

従来の文法用語は難解で、その用語からイメージがパッとわからないでしょう。そういう用語は、極力使うことを避けたいものです。しかし、この本では、従来の文法を学んできた人も対象にしていますから、従来の用語もこのように少し解説してあります。

コラム★現在分詞と動名詞は、同じ～ing形★

従来の英文法では、動名詞と現在分詞は違うものとして教えています。でも、本当にそうでしょうか。

言語には次のような大原則があります。

「形が同じなら意味が同じ、形が違えば意味も違う」

動名詞も現在分詞も同じ～ing形なわけですから、同じ意味を表しているのです。ただ、使い方が、動名詞は名詞として、現在分詞は形容詞・副詞として使う、という違いがあるだけです。これはちょうど、不定詞に名詞用法・形容詞用法・副詞用法があるのと同じです。文法用語に惑わされないで、言葉の意味と形、用法をしっかりと見極めましょう。

Lesson 10：動詞の6変化
──〜ing形＜動名詞＞

重要ポイント

〜ing形を名詞的に使うと「〜している（する）こと」の意になり、動詞が名詞化される。

● **進行形**

I am playing tennis.（私はテニスをしている）

I am	＋	playing tennis
私はいる（どういう状態に？）		テニスをしている（状態に）

➡ この場合、playing tennisは形容詞として働く現在分詞。意味は「テニスをしている（状態）」

● **動名詞**

I enjoy playing tennis.（私はテニスをしている）

I enjoy	＋	playing tennis
私は楽しむ（何を？）		テニスをしていることを

➡ この場合、playing tennisは動詞（enjoy）の目的語、つまり名詞として働く動名詞。意味は「テニスをしていること」。現にテニスをしていることを楽しむ、という意味なので「私はテニスをして楽しむ」という文意になる。

Lesson 10：動詞の6変化──~ing形＜動名詞＞

<解説>

前に説明したように、動詞に "ing" をつけると、「~している（する）こと」というニュアンスになります。~ing形が名詞的に働く場合を、特に「動名詞」と呼んでいます。

> playing：遊ぶこと。
> swimming：泳ぐこと。そのことから「水泳」というふうに完全に名詞化される。

たとえば "I like swimming." と言ったら、「私は泳いでいることが好きだ」というように、泳いでいる状態を ~ing形で示し、「こと」としてとらえることによって swim という動詞が完全に名詞化されます。

動名詞は文字通り名詞として働くので、主語・動詞の目的語・前置詞の目的語・補語になります。

特に、動詞の目的語として働く場合、注意が必要です。**~ing形は「~している（する）こと」というニュアンスを表す以上、「~している（する）こと」が動作の対象になるような動詞としか結びつきません。**例えば、

I enjoyed playing tennis.（私はテニスをして楽しんだ）

はテニスを現にやって楽しい思いをした、ということを表しています。つまり、「（現に）テニスをしていること」を楽しんだ、ということを表しています。ところが、例えば

*I promised playing tennis with Bob.（私はボブとテニスをすると約束した）

という文は誤りです。なぜなら、playing tennis with Bobは「（現に）ボブとテニスをしていること」を表しますが、promise（約束する）というのは「これから~すること」を約束するわけであって、実際にやっていることを約束することはありえません。したがって、promise の場合、目的語には Lesson 12 で説明する、「これから~する」を表す不定詞を使います。

動名詞を目的語に取る動詞を挙げておきます。

> stop（止める）, enjoy（楽しむ）, finish（終える）,
> practice（練習する）, put off（延期する）, mind（気にする）など

いずれも「（現に）~している（する）こと」を…する、というニュアンスで使います。

Lesson 11：動詞の6変化
── 過去分詞＜受け身・完了時制＞

重要ポイント

過去分詞を形容詞・副詞的に使うと「すでに〜してしまった」「〜された（る）」の意になる。

The boy　　　　broke　　　the watch.
(その男の子が)　(壊した)　　(時計を)

The boy（その男の子が、どうした？）
↓
broke（壊した、何を？）
↓
the watch（時計を）

という流れで、文が組み立てられる。

The watch was broken by the boy.
(その時計が)　　(壊された)　(その男の子によって)

The watch（その時計が、どうした？）
↓
was（あった、どういう状態に？）
↓
broken（壊しちゃった状態に）
↓
by（byは「〜の側で。the watchの側にいるのは誰か？」）
↓
the boy（男の子。男の子が壊したんだ）

受け身文の場合まず、動作の対象語を言う。本来、動詞の後ろに来るはずのものを先に言っちゃったので、動作性のないbe動詞で「状態を示す」ということを表わしておいて、その後に他動詞の過去分詞（〜しちゃった）を置いて「主語が〜される」という意味を表わす。

➡「〜である」状態を示すbe動詞に「〜してしまった」を示す過去分詞が付け加わると、「〜される」という「受け身」の意味になる。

Lesson 11：動詞の6変化 ── 過去分詞＜受け身・完了時制＞

＜解説＞

原形に "ed" をつけて表わしたもの（不規則活用は例外）が過去分詞形ですが、意味と働きとを分けて考えてみましょう。

● 過去分詞の意味・ニュアンスは「すでに～してしまった」「～しちゃった」というもので、完結した動作を表します。
そして、完結した動作を表すこの過去分詞をbe動詞と組み合わせると「受け身」の意味になります。

> The man　　kills　　　　➡ the worm.（男がその虫を殺す）
> 男が　　　　殺す（何を？）　　虫を
> ➡ これは、動作主（主語）が動作の対象（目的語）に対して殺すという動作をするということを表しています。
> 　そして、この文を受け身にすると、
>
> The worm　is　　　　　　　➡ killed.（その虫は殺されている）
> 虫が　　　　ある（どういう状態に？）　（誰かが）殺してしまった（状態に）
> ➡ 動作の対象（目的語）を述べて、それが be（ある状態に）あるということをいい、そして、その状態とは、（誰かが）殺してしまったという状態にある、つまり、殺されているという状態にある、という受け身の意味を表しています。

このように、受け身文は動作の対象（目的語）を主語化して述べる文なので、目的語を要する他動詞（詳しくは Lesson 14）しか受け身の文は作れません。

● 過去分詞の働きは、Ⓐ 形容詞的、Ⓑ 副詞的な働きです。

> #### Ⓐ 形容詞的に働く場合
> 一般的には「過去分詞」と言います。「すでに～してしまった」「～された（る）」というニュアンスを表します。形容詞ですから、名詞を修飾する用法と、補語として使う用法（受け身）があります。また、have と組み合わせて完了時制を表します。

> ⓑ **副詞的に働く場合**
> 一般的には「分詞構文」と言います。「すでに~されてしまっていて」というニュアンスを表します。副詞ですから、独立して文全体を修飾します。

このレッスンでは、Ⓐ 形容詞的、Ⓑ 副詞的用法で、受け身の意味を見ていきます。まずは形容詞的な用法を見ます。

Lesson 5 で説明したように、形容詞には2つの用法があります。

> ① **名詞の前に置いて名詞を修飾する用法。**
> 過去分詞というのは、「もう~してしまった」「~しちゃった」という、ある動作が完結してしまったことを示しますので、例えば、"excited people"（わくわくしている人々）は「（あるものが人に対して）すでにわくわくさせてしまった」という完結したニュアンスを形容詞的に表わしています。
>
> ・fallen leaves（落ちてしまった葉）➡ 落ち葉
> ・boiled egg（ゆでてしまった卵）➡ ゆで卵
> ・closed door（閉じてしまった扉）➡ 閉じた扉
> ・the language spoken in Japan（日本で話されてしまっている言語）
> ➡ 日本で話されている言語
>
> ② **名詞の後ろに置いて名詞の状態を説明する用法。**
> 特に、be動詞の後ろに使う時は、補語として主語の説明をします。これが「受け身」に他なりません。
>
> <受け身>　That watch was stolen.（あの時計は盗まれた）
> ➡ be + 過去分詞、で受け身（②の用法）
> <修飾語>　That stolen watch was mine.
> 　　　　　（あの盗まれた時計は私のものだった）
> ➡ 修飾語が1語のときは名詞の前に置く（①の用法）

> Lesson 11：動詞の6変化——過去分詞＜受け身・完了時制＞

> ＜受け身＞　That watch was stolen by that child.
> （あの時計はあの子に盗まれた）
> ➡ be + 過去分詞、で受け身（②の用法）
>
> ＜修飾語＞　That watch stolen by that child was mine.
> （あの子に盗まれた時計は私のものだった）
> ➡ 修飾語が2語以上のときは名詞の後ろに置く（②の用法）

次に、③**副詞として働く「分詞構文」の用法**を見ていきます。

過去分詞は先述の通り「もう〜してしまった」「〜しちゃった」というニュアンスを表します。それを、完全な文の前や後につけると、文全体を修飾して**「もう〜してしまっていて」**という意を表します。これを**「分詞構文」**と言います。たとえば、

Brought up in America, he can speak English.
（アメリカで育ったので、彼は英語が話せる）

これは「アメリカで育てられていて」というふうに、「〜されていて」というニュアンスを表します。

コラム★MEGAPFESの呪文★

受験参考書に目立つのがこの丸暗記セット。〜ing を目的語に取る動詞を暗記しろ、ということで Mind, Enjoy, Give up, Avoid, Put off, Finish, Escape, Stop を丸暗記する指導がなされています。しかし、〜ingの本質を理解していれば暗記は不要です。mind 〜ing（実際に〜していることが気になる）、give up 〜ing（現に〜しているのをやめる、あきらめる）などのように考えれば暗記しないですみますし、すぐに使うことも出来るのです。イメージと連動させて本質を理解して使う練習をしっかりしましょう。

重要ポイント

現在完了は、**have**（今持っている）＋過去分詞（～してしまった状態を）を基本に据えて考えれば、簡単に使える。

絵でわかる！

完了（～してしまっている）

I have ＋ [finished studying.]
（私は持っている）（勉強を終わってしまった状態を）
➡ 私は勉強を終えてしまっています。

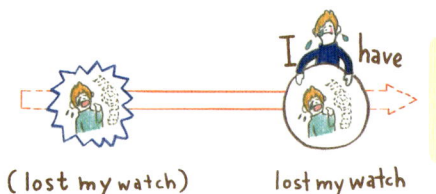

結果（～っしてしまって現在…）

I have ＋ [lost my watch.]
（私は持っている）（時計をなくしてしまった状態を）
➡ 私は時計をなくしてしまっています。

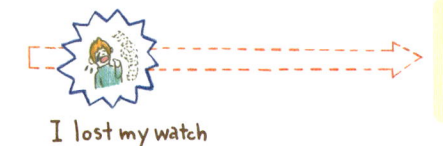

＜比較＞ 過去形（～した）

I lost my watch.
（私は時計をなくした。）
➡ 過去の時点でなくしたのであって、現在とは無関係。

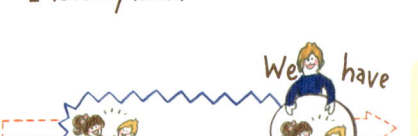

継続（ずっと～している）

We have ＋ [known each other.]
（私は持っている）（お互いに知り合った状態を）
➡ 私たちはずっと知り合いです。

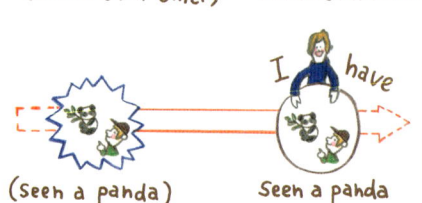

経験（～したことがある）

I have ＋ [seen a panda.]
（私は持っている）（パンダを見ちゃった経験を）
➡ 私はパンダを見たことがあります。

Lesson 11：動詞の6変化──過去分詞＜受け身・完了時制＞

<解説>

前に引き続き、過去分詞を扱います。

完了形は従来、**have＋過去分詞**で ①完了 ②結果 ③経験 ④継続の意を表す、と暗記していました。でも、それではニュアンスがしっかりと把握できません。「**have＋過去分詞**」がどのような仕組みでいろいろなニュアンスを表すのか、その仕組みを理解して使えるようになりましょう。

① 完了「〜してしまっている」

> たとえば、勉強が終わって机の上が散らかったままの状態は、過去の完結した動作が今も残っています。そこで、完結した動作を今も有しているというのを have（有する）＋過去分詞（完結した動作）の組合せで表します。これが「完了」(すでに〜してしまっている)です。
>
> I have　　　　　　　　 ➡ finished studying.
> 私は持っている（何を？）　勉強してしまった状態を
>
> 「私は勉強を終えたという状態を持っている」という意を表し、訳は「勉強を終えたところです」ぐらいでいいでしょう。

② 結果「〜してしまっていて、現在…」

> ・I have　　　　　　　　 ➡ lost my watch.
> 私は持っている（何を？）　時計をなくしてしまった状態を
>
> 「私は時計をなくしてしまっています」という意味です。lost my watch は「時計をなくしてしまった」状態を表しています。そして、そういう状態を今持っている（have）のです。つまり、「時計をなくしてしまった状態を今持っている」という意味になります。「時計をなくしてしまった」と訳しても構いませんが、
>
> I lost my watch.
>
> とは違います。単なる過去形は、「なくした」という現在とは断ち切れた過去の出来事しか表していません。したがって、今なくなっていて困っているというニュアンスは現在完了のほうが伝わります。

③ 経験「〜したことがある」

・I have　　　　　　　　　　→ seen a panda.

私は持っている（何を？）　　パンダを見た状態を

seen a pandaは「パンダを見た」という完結した動作を表します。そういう状態を現在持っている（have）ということから、「パンダを見たことがある」「パンダを見た経験がある」という経験の意味になります。

④ 継続「ずっと〜している」

・We have　　　　　　　　　→ known each other.

私たちは持っている（何を？）　お互いを知ってしまった状態を

これは、「私たちはお互いを知った」状態を今まで「持っている」、ということから、「私たちは今日までお互いに知り合いである」という継続を表わしています。

I prefer a smart cat.

Lesson 11：動詞の6変化――過去分詞＜受け身・完了時制＞

●現在完了と過去を表わす副詞

現在完了は"have＋過去分詞"の形をとるので、動詞は have です。つまり、時制は現在なのです。したがって、現在を表わす today、this week、lately、recently などは現在完了に使えますが、過去を表わす yesterday、two years ago などは使えません。繰り返しますが、現在完了は「現在～してしまっている」を表わす「現在時制」なのです。

●現在完了とともに使う副詞

現在完了は基本的に「（過去）～してしまった状態（経験）を現在持っている」というニュアンスを表わしますが、次の副詞が使われていると、完了（結果）、継続、経験の見分けがしやすくなります。
- ●完了： just:（ちょうど）、already（すでに）、yet（もう～か）、
   not yet（まだ～ない）
- ●継続： for（～の間）、since（～以来）、
   how long（どのくらいの間‐か）
- ●経験： before（以前）、ever（かつて）、never（一度も～ない）、
   once（一度）、twice（二度）、offen（しばしば）

●過去完了

過去完了"had+過去分詞"は、過去の時点で「～してしまっていた」を表わす表現です。had を使っているので、過去の時点での完了・継続・経験を表わしたり、過去よりも前のことを表わす場合に使います。

Lesson 12：動詞の6変化——不定詞

重要ポイント

不定詞は**to**＋動詞（向かい合わせになっている、未来志向的な動作・状態）がいろいろな意味に応用されていることをしっかり理解すれば、つまずくことは決してない。

絵でわかる！

I go ➡ **to Kyoto.**
私は行きます（どこへ？）　　京都へ。
（これから行くところが京都）
➡ toは空間を示す通常の前置詞。

I want ➡ **to play tennis.**
私は欲しい（何を？）　　（これから）テニスをすることを
➡ 名詞的用法（これから～すること）

I have lots of work ➡ **to finish today.**
私はたくさん仕事がある（どんな？）　　（これから）今日仕上げなければならない
➡ 形容詞的用法（これから～する、すべき）

I am studying English ➡ **to live in America.**
私は英語を勉強している（なんで？）　　（これから）アメリカに住むために
➡ 副詞的用法（目的：これから～するために）

He left his home ➡ **never to go back.**
彼は家を出た（それで？）　　（それから）決して戻ることはなかった
➡ 副詞的用法（結果：…して、それから～する）

I'm glad ➡ **to see you.**
私は嬉しい（なんで？）　　君と会うという動作と向き合って
➡ 副詞的用法（感情の原因：～して…だ）

Lesson 12 : 動詞の6変化──不定詞

<解説>

この「不定詞」は中学2年生の半ばを過ぎた頃から出てきますが、これで英語が理解できなくなって、英語嫌いになる人が多いので、注意が必要です。その一番の原因は、従来の教え方が複雑で奇妙だったからです。ところが、to の基本的な意味をどのように応用したら不定詞になるか、をしっかりと押さえると、すぐに了解できます。

英語では「〜へ」という時に "to" を用います。

　　　　　　I go to school.（私は学校へ行っています）

"to" というのは、あるものとあるものとが向き合った状態、つまり、後ろの名詞に対する方向性を示しています。ですから、"to" の後に動詞の原形をおいた**不定詞の場合、その動詞の方に向かい合ったニュアンスを表します。そこから、未来志向（これから〜する）というニュアンス**がでてきます。

そして、この不定詞は名詞・形容詞・副詞的に使います。

● **名詞的用法**

まず、I want（私はしたい）、I like（私は好きです）、I try（私はしてみる）、I begin（私は始める）などというフレーズを考えてみます。私がこう言った時、聞いている人たちは「何がしたいのか」「何が好きなのか」「何を試みようとしているのか」「何を始めるのか」というように "What？（何を）" と聞きたくなります。その後、すぐに "to play the piano" と言うと、（これから）テニスをする（こと）だよ、というふうに、名詞として使えます。これを「名詞的用法」と言います。

> ・**I want**　　　　　　 ➡ **to play tennis.**（私はテニスがしたい）
> 私は欲しい（何を？）　　これからテニスをする（ことを）
> ここで分かるように、不定詞が to のニュアンスからくる未来志向を表している以上、動詞の後に目的語として不定詞が来る場合、その動詞は未来志向を対象とする動詞でなければなりません。

これは、Lesson 10と対照していただきたい部分ですが、例えば、I promise（私は約束する）の目的語は、これからやる動作ですので、不定詞が来ます。

ところが、I practice（私は練習する）の目的語は、これからやる動作ではなく、実際にやる動作でないと反復的に練習することはできません。ですから、practiceの目的語には 〜ing形が来ます。

不定詞を目的語に取る動詞を挙げておきます。

> want（したい）,promise（約束する）,plan（計画する）,hope（望む）,expect（期待する）などいずれも「（これから）〜すること」を…する、というニュアンスで使います。

● **形容詞的用法**

I have something.（私はあるものを持っている）と言うと、相手は「どんな？」と尋ねるでしょう。そこで、to show you（これから君に見せる）と言えば、相手は、なるほど自分に見せてくれるものがあるんだな、と解釈するでしょう。この場合、あるもの（something）をどんなものか詳しく述べているのが to show you という不定詞の部分です。つまり、名詞の後ろに置いて名詞を詳しく説明しているので「形容詞的用法」です。

> ・I have lots of work　　　　　　➡ to finish today.
> 私はたくさん仕事を持っている（どんな？）　今日（これから）終える（べき）
> to は「これから〜する」というニュアンスです。そこから、「これから〜すべき、しなければならない」というニュアンスもでてきます。そこで、この文は、「私は今日終えなければならない仕事がたくさんある」という意味になります。

● **副詞的用法**

I am studying English.（私は英語を勉強しています）と言うと、相手は Why？「なんで？」と尋ねることもあるでしょう。そこで、to live in America（これからアメリカに住む）と言えば、相手は、アメリカに住むために英語を勉強しているんだな、と解釈するでしょう。この場合、I am studying English

Lesson 12 : 動詞の6変化──不定詞

の目的を説明しているのが、to live in America という不定詞の部分です。これはstudy Englishという動詞を詳しく説明しているので「副詞的用法」です。

> **1. I am studying English　➡ to live in America.**
> 私は英語を勉強している（なんで？）（これから）アメリカに住むために
> ➡ to の未来志向のニュアンスが**将来の目的**を表しています。
> また、こういうケースもあります。
>
> **2. I am happy　　　　　➡ to see you.**
> 私は嬉しい（なんで？）　君に会うことと向き合って
> ➡ I am happy. (私は嬉しい)。やはり相手は Why？「なんで？」と聞きたくなります。その時、to see you (君に会う) と言うと、I am happyという感情と see you という動作とが向き合っている状態を to が表していて、to see you が**感情の原因**の意を表すことになります。これも副詞的な働きをしています。
> この副詞的用法はたくさん意味がありますが、to の基本を押さえればすぐに了解できます。他の例も挙げておきましょう。
>
> **3. He left his home　　➡ never to come back again.**
> 彼は家を出た（それで？）　（それから）決して2度と戻ってこない
> ➡ **結果**を表します。
>
> **4. She must be rich　　➡ to wear such an expensive coat.**
> 彼女はお金持ちに違いない（なんで？）そんな高価なコートを
> 　　　　　　　　　　　　　　着るという動作と向き合って
> ➡ お金持ちに違いない、と推量しているのは、彼女が高価なコートを着ているという状態と向き合っているためです。そこで、「そんな高価なコートを着るなんて、彼女はお金持ちに違いない」という意味になります。これは、**判断の根拠**を表します。

重要ポイント

不定詞の用法の違いを気にするのではなく、本質的な意味（コア）をしっかりと押さえて、コアをうまく応用して使いこなすことが大切。

絵でわかる！

● 疑問詞＋to〜

what to do
何をこれからする（べき）か

which dress to wear
どんなドレスをこれから着る（べき）か

● 動詞＋目的語＋to〜

I want to study abroad.

I want my son to study abroad.

Lesson 12 : 動詞の6変化──不定詞

<解説>

● 疑問詞＋to〜

・I don't know　　what　　　to do next.
私は知らない　　（何を…か?）　（これから）次にする
➡ 私はこれから何をする（べき）か（ということを）知らない。
というふうに、疑問詞＋to〜で名詞のかたまりになります。同様に、
when to start（いつ出発すべきか）
where to meet you（どこで君に会ったらいいのか）
how to ski（どうやってスキーをしたらいいか）（スキーの仕方）

● 動詞 ＋ 目的語 ＋ to〜

I want to study abroad.（私は留学したい）
I want my son to study abroad.（私は息子に留学してほしい）
上の文は、次のような流れです。
・I want　　　　　　　➡ [to study abroad]
私が欲している（何を？）　これから留学すること
それに対して、下の文はこのような流れです。
・I want　　　　　　　➡ [my son - to study aborad]
私が欲している（何を？）　息子が留学すること

つまり、動詞と to〜の間に目的語を入れると、to〜の動作をする人を表せます。逆に、何も入れなければ、主語が to〜の動作をする人ということになります。詳しくは、5文型（Lesson 14）参照。

重要ポイント

不定詞のいろいろな用法を、**to**のコアからしっかりつかんで絵でイメージを作る。

絵でわかる！

● It …(for …) to〜

It is dangerous to swim in this river.

● too…to〜／enough to

He is too old to work.

It is natural for you to say that.

He is rich enough to buy a house.

It is rude of you to say that.

Lesson 12 : 動詞の6変化──不定詞

<解説>

● It … (for ---) to〜.

・**It is dangerous to swim in this river.**（この川で泳ぐのは危険だ）
It is dangerous ➡ **to swim in this river**
それって危険だよ（何が？）　この川で（これから）泳ぐことは
という風に、先に結論を言っておいて、それから言いたい内容を不定詞で表します。このとき、不定詞の動作をする人を言いたいときは、for ---を不定詞の前に入れます。

・**It is natural** ➡ **to say that.**（そう言うのは当然だ）
（それって当然だ）（何が？）　そう言うのは

・**It is natural** ➡ **for you to say that.**（君がそう言うのは当然だ）
それって当然だ（何が？）　君がそう言うのは
ところが、この結論部分の形容詞が人の性格を表すときは of を使います。

・**It is rude of you** ➡ **to say that.**（そう言うなんて、君は失礼だ）
それって君、失礼だ（何が？）そう言うとは
人の性質の場合、You are rude.と書き換えられます。実は、for と of では、文の切れ目が若干違います。

・**I think it nice** ➡ **to take a walk early in the morinig.**（早朝散歩するのはいいことだと思う）
私はいいと思う（何を？）　早朝散歩する（ことを）
このように、第五文型で目的語を it にしてそのあとに不定詞をおく形もあります。

● too…to〜 / enough to〜など

・**He is too old** ➡ **to work.**
彼はあまりに年老いている（どんな風に？）　これから働くには
➡ 彼はとても年をとっていて、働けない。
公式として覚えないで、語順のまま素直に了解すれば意味は分かります。
だいたい同じ意味の表現だと

・**He is so old** ➡ **that he can't work.**
彼はそんなに年老いている（どんなに？）　働けないくらい

65

- **This stone is too heavy** ➡ **for me to carry.**

この石は重すぎる（どんな風に？）　僕が（これから）運ぶには

➡ この石は重すぎて僕には運べない

だいたい同じ意味の表現だと

- **This stone is so heavy** ➡ **that I can't carry it.**

この石はそんなに重い（どんなに？）　僕が運べないくらい

so…that～ も語順のまま了解すれば意味は分かります。

もう一つ、enough to～ の表現を学びます。

- **He is rich enough** ➡ **to buy the house.**

彼は十分裕福だ（どんな風に？）　この家がこれから買えるぐらい

➡ 彼はとても裕福でその家を買える

だいたい同じ意味の表現だと

- **He is so rich that he can buy a house.**

can を使って、これからの可能性を表します。これは、「これから～する」という不定詞の意味にも通じます。

● **be to 動詞（不定詞）**

従来、これは ①予定 ②義務 ③可能 ④意図 ⑤運命の意味をバラバラに丸暗記していました。でも、もう to 不定詞のコアを皆さんはかなり理解しているので、暗記がいかに効率の悪い勉強であるかがもう分かるでしょう。

- **The president is** ➡ **to visit Japan next month.**

大統領がいる（どういう状態に？）　（これから）来月訪日する（という状態に）

➡ 大統領が来月訪日予定である、という「予定」を表しています。

- **You are** ➡ **to close the door when you come in.**

君はいる（どういう状態に？）　（これから）ドアを閉める（という状態に）

➡ 入ってくる時には君はドアを閉めることになっている、という「義務」を表しています。義務といっても、これから～することになっている、ぐらいの意味です。

Lesson 12 : 動詞の6変化——不定詞

- **Stars were** ➡ **to be seen in the sky.**

星があった（どういう状態に？）　（これから）空に見られる（という状態に）

➡ 星が（これから）空に見られた、という「可能」な状態を表しています。

- **If you are** ➡ **to play baseball, you have to learn the rule.**

もし君がいるなら（どういう状態に？）　（これから）野球をする（という状態に）

➡ もし君が野球をするというのであればルールを学ばねばならい、というふうに、（これから）～するというのであれば、という「意図」を表しています。

- **He was** ➡ **never to come back again.**

彼はいた（どういう状態に？）　（これから）決して2度と戻ってくることはない（という状態に）

➡ 彼は2度と戻ってくることはなかった、という「運命」を表しています。これは、He left his home never to come back again.（副詞的用法の結果）と意味はなんら変わりません。

いろいろな不定詞の用法を見てきましたが、基本的な意味を押さえておけば、用法が違っていても、理解に苦しむことは全くありません。むしろ、用法を気にしないでも使えるようになることのほうがはるかに大切です。

> Can a cat
> can a cat
> in a can for a cat?

Lesson 13：動詞の6変化 ── まとめ

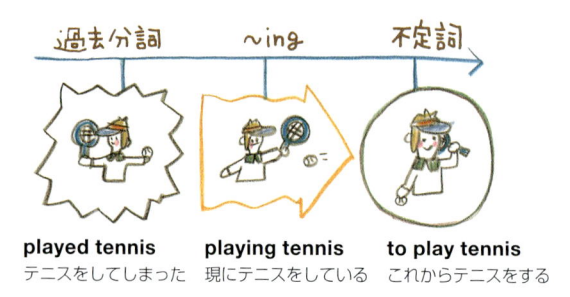

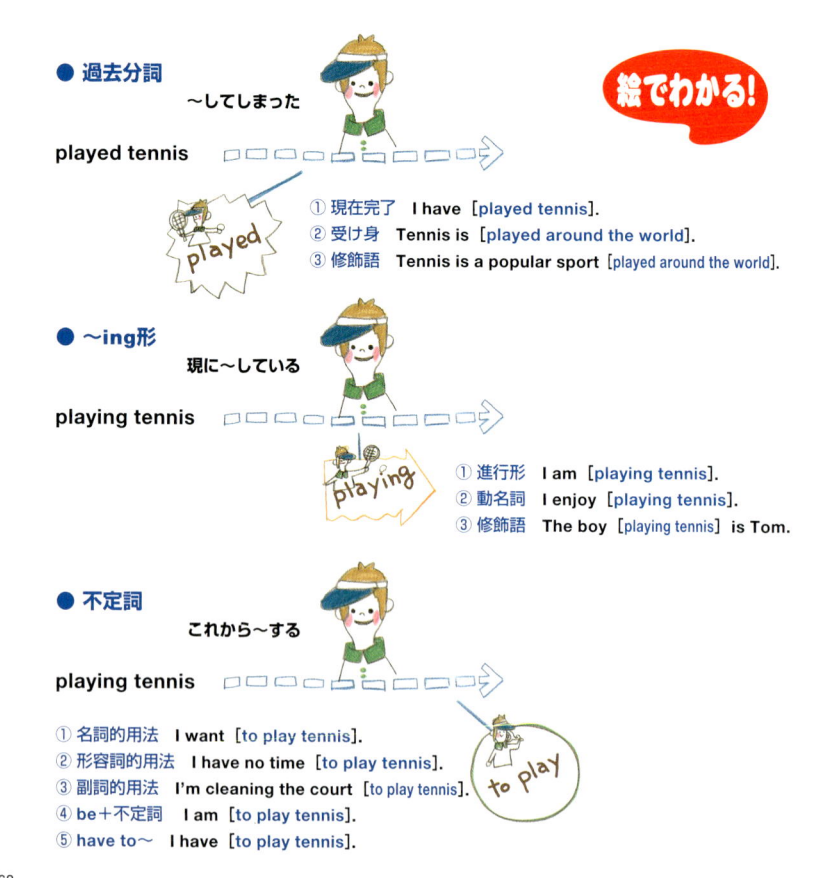

過去分詞　　　　～ing　　　　不定詞

played tennis　　　**playing tennis**　　　**to play tennis**
テニスをしてしまった　　現にテニスをしている　　これからテニスをする

● 過去分詞

〜してしまった

played tennis

① 現在完了　I have [played tennis].
② 受け身　Tennis is [played around the world].
③ 修飾語　Tennis is a popular sport [played around the world].

● 〜ing形

現に〜している

playing tennis

① 進行形　I am [playing tennis].
② 動名詞　I enjoy [playing tennis].
③ 修飾語　The boy [playing tennis] is Tom.

● 不定詞

これから〜する

playing tennis

① 名詞的用法　I want [to play tennis].
② 形容詞的用法　I have no time [to play tennis].
③ 副詞的用法　I'm cleaning the court [to play tennis].
④ be＋不定詞　I am [to play tennis].
⑤ have to〜　I have [to play tennis].

Lesson 13：動詞の6変化——まとめ

＜解説＞

これまで Lesson 8〜12 まで、英文法でとても複雑でわかりにくい動詞の6変化を見てきました。それぞれ、どういうニュアンスで、どういう使い方をするのか、を把握すれば、それほど難しくないということもわかったことと思います。しっかりと理解するためにもう一度、俯瞰して全体像を眺めましょう。複雑なものでも、全体をパッと眺めることでよりよく理解できることは多いです。そこでこのレッスンでは動詞の6変化について、体系的にもう一度整理してみましょう。

【動詞6変化の働きと意味】

	原形	現在形	過去形	過去分詞形	〜ing形	不定詞
働き	動詞			形容詞 副詞	動名詞は名詞 現在分詞は 形容詞と副詞	名詞 形容詞 副詞
意味	抽象的な出来事としての動作・状態	習慣的な動作・状態 現在の動作・状態	過去の動作・状態	「〜してしまった」（完結した動作）	「現に〜している」（一時的・可視的・未完結な動作）	「これから〜する」（将来行なう動作、向き合った動作）

【準動詞の働きと意味】

	名詞	形容詞	副詞	かたち (例eat)	コアになる意味
不定詞	（これから）〜すること	（これから）〜するための、〜すべき	（これから）するために（結果、これから）〜する、など	to〜 (to eat)	これから〜する
動名詞	（現に）〜していること	×	×	〜ing (eating)	現に〜している
現在分詞	×	（現に）〜している	（分詞構文）（現に）〜していて		
過去分詞	×	〜してしまった、〜された	（分詞構文）〜されていて	〜ed (eaten)	〜してしまった

Lesson 14：動詞の後に続くのは？──5文型

重要ポイント

文型とは「文の型」ではなく、動詞のあとに何がどのように配列されるかのパターン。

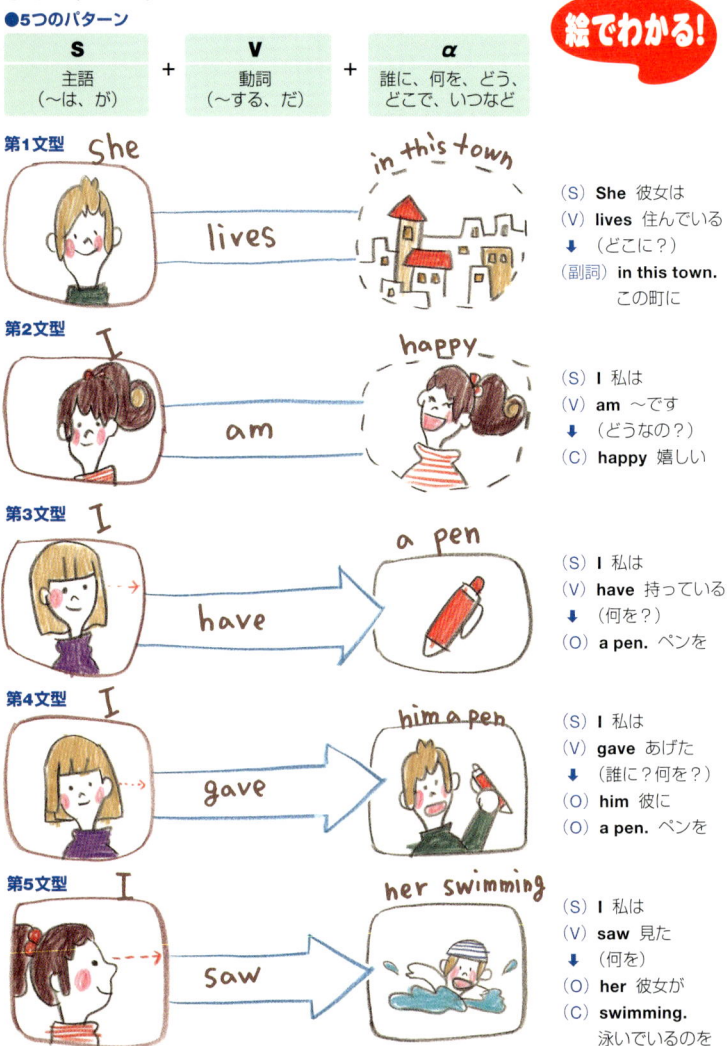

●5つのパターン

S	V	α
主語 （〜は、が）	動詞 （〜する、だ）	誰に、何を、どう、どこで、いつなど

絵でわかる！

第1文型 She lives in this town

- (S) **She** 彼女は
- (V) **lives** 住んでいる
- ↓ （どこに？）
- (副詞) **in this town.** この町に

第2文型 I am happy

- (S) **I** 私は
- (V) **am** 〜です
- ↓ （どうなの？）
- (C) **happy** 嬉しい

第3文型 I have a pen

- (S) **I** 私は
- (V) **have** 持っている
- ↓ （何を？）
- (O) **a pen.** ペンを

第4文型 I gave him a pen

- (S) **I** 私は
- (V) **gave** あげた
- ↓ （誰に？何を？）
- (O) **him** 彼に
- (O) **a pen.** ペンを

第5文型 I saw her swimming

- (S) **I** 私は
- (V) **saw** 見た
- ↓ （何を）
- (O) **her** 彼女が
- (C) **swimming.** 泳いでいるのを

Lesson 14：動詞の後に続くのは？——5文型

<解説>

ここまで読み進んでこられた読者のみなさんは、自分が言いたいこと・頭で考えていることをどのように英文として組み立てたらよいかについてかなり意識してきたことでしょう。このレッスンではまさにこの点を深く見ていきます。
従来、「五文型」と言って、英文は5つのパターンに分けることが出来るという指導がかなり盛んに行われています。しかし、これがどうやら一人歩きをして英文を正確に捉え、使えるようになることをおろそかにしているようです。
実は文型というのは、「文の型」ではなく、動詞のあとに何がどのように続くのかのパターンのことです。英語ではこれまで見てきたように

主語 ＋ 動詞

という順番で文を組み立てます。では，動詞のあとはどのように組み立てたらいいでしょう。

① She lives		in this town.	
彼女は住んでいる ➡ （え？どこに？）		➡ この町に。	（→第1文型）
② I am		happy.	
私は～です ➡ （え？どうなの？）		➡ 嬉しい。	（→第2文型）
③ I have		a pen.	
私は 持っている ➡ （え？何を？）		➡ ペンを。	（→第3文型）
④ I gave		him a pen.	
私はあげた ➡ （え？誰に？何を？）		➡ 彼に ペンを。	（→第4文型）
⑤ I saw		her swimming.	
私は 見た ➡ （え？何を？）		➡ 彼女が 泳いでいるのを。	（→第5文型）

上のように考えれば、動詞の後に不足した情報が来る、という組み立て方になっているのが分かるでしょう。つまり、動詞の意味によってそのあとに何が続くかが決まるのです。必要に応じて名詞、形容詞、副詞や動詞（原形・過去分詞・～ing形・不定詞）や前置詞＋名詞があとに続きます（行為項・状況的要素と言います）。ですから、動詞のあとには「目的語」「補語」が来るということばかり気にしすぎたり、副詞要素は文の要素ではないから消す、といったようなおかしな考えは捨てて、英文をうまく理解し使えるようになれます。
詳しい説明は巻末の「文法マップ2・3」で紹介しますので、このレッスンでは動詞のあとの文の組み立て方（αの部分）の基本を絵で押さえてください。

重要ポイント

自動詞の場合は、動作の対象がないので「何 が ➡ どうした?」で考えるといい。必要に応じて、動詞の後に副詞も来る。

● 自動詞と他動詞

I lie on the bed.（私はベッドに横になる）

➡ 自らが動いているのみ（自動詞）。動作の対象語は不用。

I lay the baby on the bed.
（私は赤ちゃんをベッドに寝かせる）

➡ 他のもの・人を動かす(他動詞)。動作の対象語が必要。

● 自動詞の情報の流れ

The cup　　　　broke.（コップが壊れた）
コップが（どうした?）　壊れた

➡ 「S・V」なので分類上、第1文型。

We　　　　live　　　　in Japan.（私たちは日本に住んでいる）
私たちは（どうした?）　住んでいる（どこに?）　日本に

➡ 「S・V＋副詞句」なので分類上、第1文型。しかし We live だけだと「どこに?」という情報が欠け、文としての情報が完結しないので、この副詞句は必要な文の要素です。

He　　　　looks　　　　sad.（彼は悲しそうに見える）
彼は（どうした?）　見える（どう?）　悲しそうに

➡ 「S・V・C」なので分類上、第2文型。

Lesson 14：動詞の後に続くのは？──5文型

他動詞の場合は「誰が？ どうした？ 誰に？ 何を？」というプロセスで読み進んでいくと、文型をあまり意識しないで文の意味がわかる。このように、頭の中の情報処理を反映させたプロセス意識の英文法をマスターすれば、スムーズに英語を読んだり、聞いたり、話したりできるようになる。

● **他動詞の情報の流れ**

I　　　ate　　　　　　a hamburger.（私はハンバーガーを食べた）
私は食べた（何を？）　　ハンバーガーを

➡ 「S・V・O」なので分類上、第3文型。

I　　　provided　　　him　　　with food.（私は彼に食べ物を提供した）
私は提供した（誰に？ 何を？）　彼に 食べ物を

➡ 「S・V・O＋副詞句」なので分類上、第3文型。しかし、I provided him だけだと「何を？」という情報が欠け、文としての情報が完結しないので、この副詞句は必要な文の要素です。

I　　　gave　　　some food　　　to him.（私は食べ物を彼にあげた）
私はあげた（誰に？ 何を？）　食べ物を　　　彼に

➡ 「S・V・O＋副詞句」なので分類上、第3文型。しかし、I gave some food だけだと「誰に？」という情報が欠け、文としての情報が完結しないので、この副詞句は必要な文の要素です。

I　　　gave　　　him　　　some food.（私は彼に食べ物をあげた）
私はあげた（誰に？ 何を？）　彼に　　食べ物を

➡ 「S・V・O・O」なので分類上、第4文型。

重要ポイント

文型が絶対なのではなく、典型的な動詞の使い方をマスターして動詞のあとに何が続くのか予測できるようにする。

I named 　　　　　　　　　　　　**the cat**　　**Tama.** （私は猫をタマと名づけた）
私は名づけた（何を？）（何と？）　　猫を　　　　タマと

➡ S・V・O・C
（名詞）
O=C と考えよう
[BE]

I made　　　　**my teacher**　　　　**angry.** （私は先生を怒らせた）
私は作った（何を？）　先生を（どんなふうに？）　怒った状態に

➡ S・V・O・C
（形容詞）
O=C と考えよう
[BE]

I want　　　　**my son**　　　　　　**to study abroad.** （私は息子に留学してほしい）
私は欲しい（何を？）　うちの息子に（どう？）（これから）　留学すること

➡ S・V・O・C
（不定詞）
「O が（これから）〜するようにVする」、ということ

I told　　　　　　**you**　　　**to clean the room.** （私は君に部屋を掃除するように言った）
私は言った（誰に？何を？）　キミに（何を？）　（これから）部屋を掃除するように

➡ S・V・O・C
（不定詞）
「O が（これから）〜するように V する」、ということ

Lesson 14：動詞の後に続くのは？──5文型

I had　　　　him　　　　　　wash the car.（私は彼に車を洗ってもらった）
私は持った（何を?）彼が（何を?）　　車を洗う

→ S・V・O・C
（原形動詞）
「O が~する状態を V する」、ということ

I saw　　　　him　　　　　　leave the bank.（私は彼が銀行から出るのを見た）
私は見た（何を?）彼が（何を?）　　銀行から出るのを

→ S・V・O・C
（原形動詞）
「O が~する状態を V する」、ということ

※ C が不定詞と原形動詞である場合の違い
V O to do（不定詞）は O がこれから~するように V するのに対し、V O do（原形動詞）は O が~する出来事を V する、という事態を表しており、to の有無により多少のニュアンスの違いがあります。

I saw　　　　　　him　　　　　running.（私は彼が走っているのを見た）
私は見た（何を?）　　彼が（何を?）　走っているのを

→ S・V・O・C
（~ing）
「O が~している状態を V する」、ということ

I had　　　　　　my watch　　cleaned.（私は時計をきれいにしてもらった）
私は持った（何を?）私の時計を（どう?）きれいにされた状態に

→ S・V・O・C
（過去分詞）
「O が~される状態を V する」、ということ

I had　　　　　　my watch　　broken.（私は時計を壊された）
私は持った（何を?）私の時計を（どう?）壊れた状態に

絵でわかる！

※ "have＋目的語＋過去分詞" ＝①~を…してもらう（使役）②~を…される（受け身、被害）と丸暗記するのではなく、本質的な意味とイメージから自由に訳せるようになって下さい。

Lesson 15：助動詞

重要ポイント

助動詞は、話し手の評価・判断を表わす。

絵でわかる！

● **can**：実現可能性
① I can go up.
（上がろうと思えば、上がる能力がある）
↓
② He can go up.
（上がってくる可能性がある）

● **may**：妨害・障害がない
① I may go out.
（外に出てよい）
↓
② He may go out.
（外に出て来るかもしれない）

● **must**：抗しがたい強い圧力
① I must wash the car.
（車を洗わなければならない）
↓
② He must wash the car.
（車を洗うに違いない）

● **will**：意志
① I will eat this big hot dog.
（食べる意志がある）
↓
② He will eat this big hot dog.
（食べるだろう）

Lesson 15：助動詞

＜解説＞

助動詞は①**主観**（文の主語がどのくらいその動作を自由に行うのかの主観）と②**推量**（文の主語がその動作をどのくらい行う可能性があるのかを第3者が推量）の2つの意味があります。それぞれの助動詞についてコアを押さえながら ① ② の意味を考えましょう。

	①主観	②推量	ニュアンス（主観 ➡ 推量の順で説明）
can	〜できる （能力）able	〜しうる、ありうる （可能性）possible	やろうと思えばできる ➡ その人は〜する可能性がある
may	〜してもよい	〜するかもしれない probable	〜してよい（と許可されている）➡（許可されているので）〜するかもしれない
must	〜しなければならない	〜するに違いない certain	（強い圧力が働いて）〜しなければならない ➡（強い圧力で、強く推量して）〜するに違いない
should	〜すべきだ	〜するはずだ	当然〜すべきだ ➡ その人は当然〜するはずだ
will	〜するつもりだ	〜するだろう	〜するつもりだ（意志）➡（意志があるから）〜するだろう（推量）
need	〜する必要がある		

can	〜できる（能力） 〜しうる（能力）
can not	〜できない（能力なし） 〜はずがない（可能性なし）

must	〜しなければならない（義務） 〜するに違いない（強い推量）
must not	〜してはならない（禁止） （〜しないように強い圧力がかかっている）

may	〜してもよい（許可） 〜かもしれない（推量）
may not	〜してはならない（不許可） 〜ではないかもしれない（否定の推量）

100%	**He is ill.**	彼は病気だ、という事実。
certain	He must be ill.	病気に違いない（強い推量）。
probable	He may be ill.	病気かもしれない（弱い推量）。
possible	He can be ill.	病気の可能性がある（弱い推量）。
0%	**He is not ill.**	彼は病気ではない、という事実の否定。

重要ポイント

今まできちんとした説明がなされなかった、助動詞の様々なニュアンスを絵でしっかりつかもう。

絵でわかる!

● will と be going to の違い

I will marry her.

➡ 僕は彼女と結婚するつもりだ。
willは「意志」を表すので、将来彼女と結婚するぞ、という現在の主観的な意志を表しています。

I am going to marry her.

➡ 僕は彼女と結婚する予定だ。
be going to〜で、これから〜するという予定された動作を行うことへ向かって行っている、ということなので、客観的なこれからの予定を表しています。

コラム★ will と shall の表現★

よく使う will と shall の表現を掲げますので、覚えておきましょう。

Will you 〜?	〜していただけますか。
Shall I 〜?	〜しましょうか。
Shall we 〜?	〜しませんか。

すべて疑問文ですから、相手の意向を尋ねる表現です。主語がその動作をする人を表しています。ですから、Will you〜? だと相手にやってもらうように依頼する表現に、Shall I 〜? だと自分がやりましょうと提案する表現に、Shall we〜? だと一緒にやりましょうと提案する表現になります。

・**Will you open the window?**（窓を開けていただけますか）
・**Shall I make coffee?**（コーヒーを作りましょうか）
・**Shall we have pasta?**（パスタを食べませんか）

Lesson 15：助動詞

● **must と must not の違い**

I must go.

→ 僕は行かなければならない。
must は「抗しがたい圧力」がかかって「〜しなければならない」と話者が内心で感じていることを表しています。

I must not go.

→ 僕は行ってはいけない。
must not は「〜しないこと」に対して「抗しがたい圧力」がかかっている。つまり「〜してはならない」と話者が内心で感じしいることを表しています。

● **have to と do not have to の違い**

I have to go.

→ 僕は行く必要がある。
have to〜は、これから〜するという予定された動作を行うことを持っている、ということなので、客観的なこれからの予定を義務として「〜しなければならない」という意味で表しています。

I do not have to go.

→ 僕は行く必要はない。
do not have to〜は、「これから〜する」という予定された義務を持っていない、ということなので、「〜する必要がない」という意味になります。

79

Lesson 16：前置詞

Lesson 16：前置詞

重要ポイント

前置詞は、まず空間の位置関係を把握する。空間詞としての前置詞の本質的な意味（コア）を把握し、それがどのような原理で意味が広がっていくかをしっかり理解する。

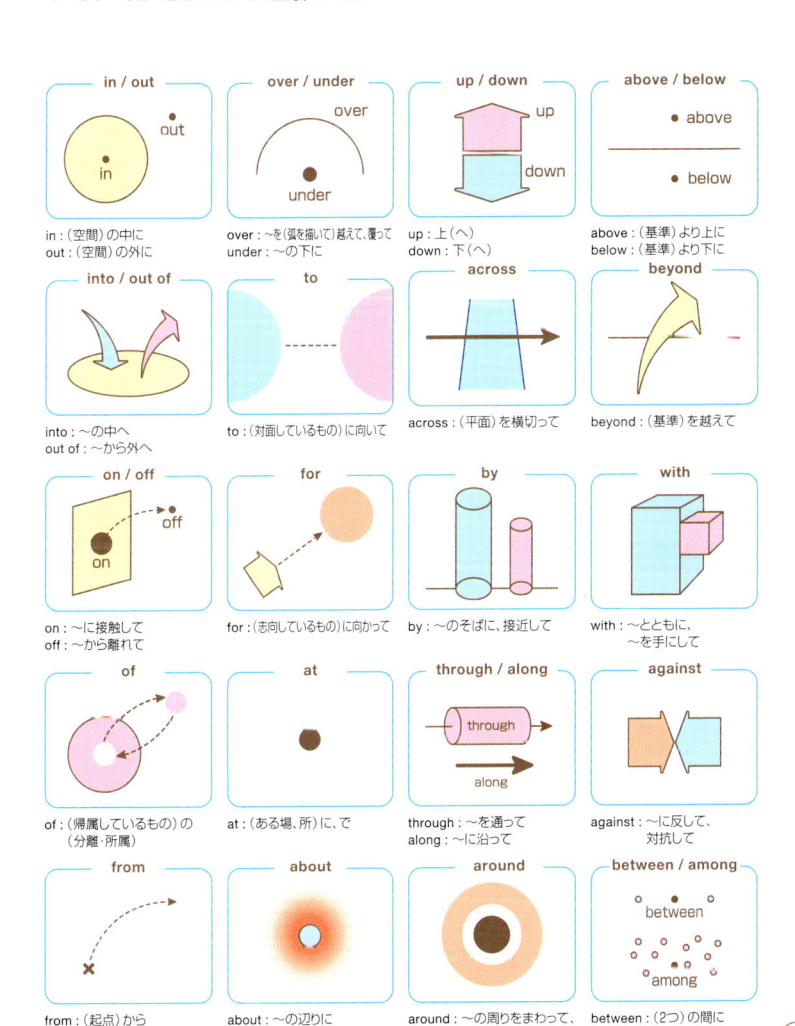

in / out
in：（空間）の中に
out：（空間）の外に

over / under
over：〜を(弧を描いて)越えて、覆って
under：〜の下に

up / down
up：上（へ）
down：下（へ）

above / below
above：（基準）より上に
below：（基準）より下に

into / out of
into：〜の中へ
out of：〜から外へ

to
to：（対面しているもの）に向けて

across
across：（平面）を横切って

beyond
beyond：（基準）を越えて

on / off
on：〜に接触して
off：〜から離れて

for
for：（志向しているもの）に向かって

by
by：〜のそばに、接近して

with
with：〜とともに、〜を手にして

of
of：（帰属しているもの）の（分離・所属）

at
at：（ある場、所）に、で

through / along
through：〜を通って
along：〜に沿って

against
against：〜に反して、対抗して

from
from：（起点）から

about
about：〜の辺りに

around
around：〜の周りをまわって、周囲に

between / among
between：（2つ）の間に
among：（3つ以上）の間に

81

重要ポイント

前置詞のコアを基礎にすえて、前置詞の意味の広がりの仕組みをしっかり理解する。

● **in の意味の広がり**

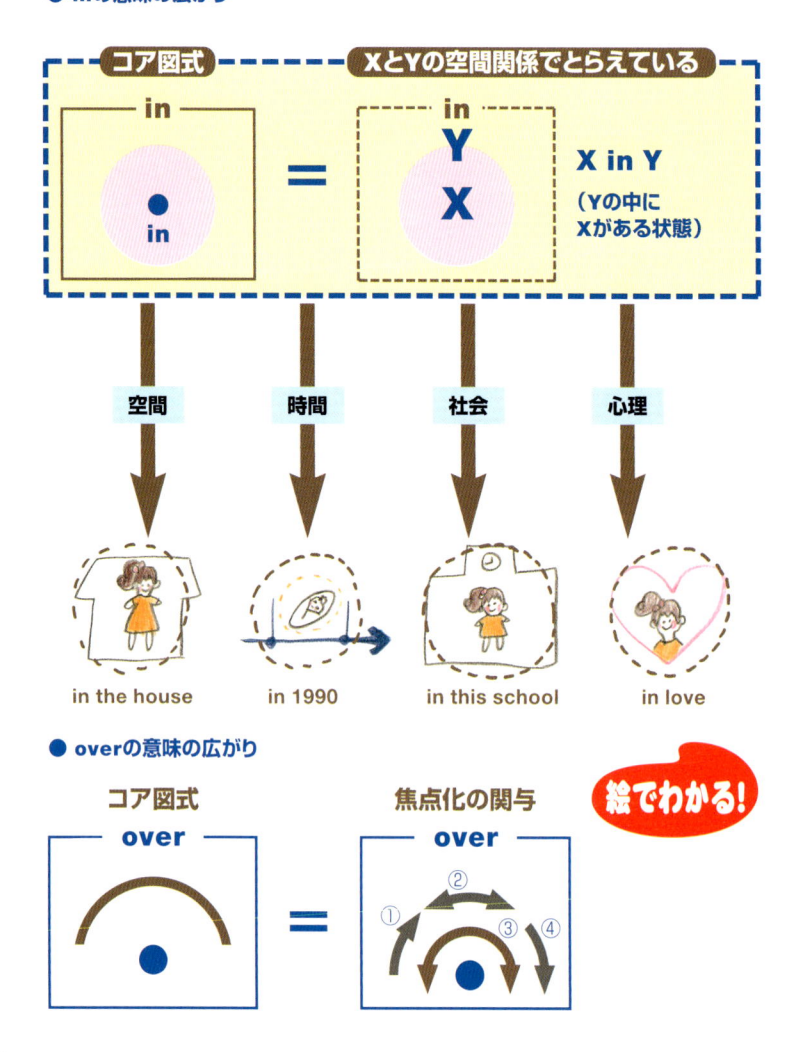

コア図式	=	X と Y の空間関係でとらえている
in（●in）		in（Y・X） X in Y（Y の中に X がある状態）

空間 → in the house
時間 → in 1990
社会 → in this school
心理 → in love

● **over の意味の広がり**

コア図式　　　　焦点化の関与

over　=　over（① ② ③ ④）

絵でわかる！

Lesson 16：前置詞

<解説>

前置詞（と一部の基本的な副詞 up, down, back など）は「空間関係」を表す言葉です。この空間詞はいろいろな文脈の中で、様々な意味へと応用されます。まず in（〜の中に、中で）という前置詞から見てみましょう。

● in の意味の広がり —— ①空間関係から、②時間関係 ③社会関係 ④心理関係へ。
前置詞はもともと空間関係を表す言葉ですが、それを比喩的に使うことで、意味が広がってゆきます。

X in Y＝Yの中にXがある状態

<関係>	X	in	Y	
①空間	the girl	in	the house	家（という空間）にいる女の子
↓				
②時間	the girl born	in	1990	1990年（という時間の中）に生まれた女の子
↓				
③社会	the girl	in	this school	この学校（という社会の中）の女の子
↓				
④心理	the girl	in	love	恋愛中の女の子

● over の意味の広がり —— 焦点化の関与。

over の場合、「弧」のイメージの一部に焦点を当てることで、意味が広がっていきます。

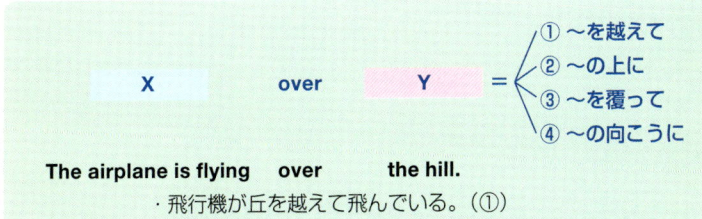

$$X \quad \text{over} \quad Y = \begin{cases} ①～を越えて \\ ②～の上に \\ ③～を覆って \\ ④～の向こうに \end{cases}$$

The airplane is flying over the hill.

・飛行機が丘を越えて飛んでいる。（①）
・飛行機が丘の上を飛んでいる。（②）
・飛行機が丘の向こうに飛んでいる。（④）

というふうに3つの解釈が可能なのも、左ページの図にあるようにとらえる視点が関与しているからです。
Put the blanket over me. 私の上に毛布をかけてください。
We talked over the pollution. 私達は公害を巡って話し合った。
は③の意味から出てきます。

※ほかにもいろいろな原理がありますが、こういう原理を知ると、前置詞の学習がとても楽になります。

重要ポイント

これらのイディオムの訳語は、イディオムの意味世界を完全に説明しきっているわけではありません。動詞や空間詞のそれぞれの意味をしっかりつかんで、自分で意味を想像して用例にあたって使ってみましょう。

	in（中）	out（外）	on（接触）	off（分離）	up（上）	down（下）	over（越えて）
be （あるもの、状態） にある、である	be in ・〜の中にいる ・〜の状態にある	be out ・外出中だ ・外に出ている	be on ・〜の上にある ・〜中である ・従事している	be off ・休みだ、非番だ ・取り消されている	be up ・上がっている ・昇っている ・起きている	be down ・下りている ・没している ・下がっている	be over ・終わった ・〜の上にある ・〜を越えている
get （あるもの、状態） を得る、引き起こす	get in ・〜に入れる ・〜に乗り込む	get out ・外へ出る ・外へもれる	get on ・うまくやっていく ・〜に乗る	get off ・〜出発する ・〜から降りる	get up ・起きる ・立ち上がる	get down ・降りる ・〜を参らせる	get over ・〜を乗り越える ・〜を克服する
take （あるもの）を（自分 のところに）取り込む	take in ・〜を取り込む ・〜を理解する	take out ・〜を取り出す ・〜を取り除く、抜く	take on ・〜を引き受ける ・〜を雇う	take off ・〜を脱ぐ ・立ち去る	take up ・〜を取り上げる ・（時間・場所）を取る、占める	take down ・〜を降ろす ・〜を書き留める	take over ・〜を引き継ぐ ・〜を占拠する、支配する
hold （あるもの、状態） をそのまま押さえておく	hold in ・〜を抑制する ・〜を（中に留めておく）	hold out ・〜を差し出す ・〜を持ちこたえる	hold on ・（電話を切らないで）待つ ・がんばって続ける	hold off ・〜を延期する ・防ぐ（寄せつけないでおく）	hold up ・とどこおる ・〜を妨げる（宙づりにする）	hold down ・〜を手で押さえる ・〜を抑圧する	hold over ・〜を持ち越す ・〜を延期する、延長する
keep （あるもの、状態） を維持する	keep in ・〜を閉じ込めておく ・〜を引き留める	keep out ・〜を締め出しておく ・入らずにいる	keep on ・〜し続ける ・〜を続ける	keep off ・〜を防ぐ ・〜から離れている	keep up ・〜を続ける ・〜を高水準に保つ	keep down ・〜を抑えておく ・（downな状態にしておく）	keep over ・〜を持ち越す
turn （あるもの）を（回して 状態を）変える	turn in ・〜を提出する ・〜を中に入れる	turn out ・〜と判明する ・（ガス・火など）を消す	turn on ・（スイッチ）をつける	turn off ・（スイッチ）を消す	turn up ・現われる ・（ボリューム）を上げる	turn down ・〜を拒絶する ・（ボリューム）を下げる	turn over ・〜を引き渡す ・〜をひっくり返す
make （あるもの、状態） を作る	———	make out ・人を理解する ・〜をまとめあげる	———	make off ・逃げ去る	make up ・〜を作り上げる ・〜をでっちあげる、化粧する	———	make over ・〜を作り直す ・変える

Lesson 16：前置詞

<解説>

前置詞には2つのはたらき（機能）があります。ひとつは前にも書いた**空間関係を示す機能**です。もうひとつは、動詞と一緒に使って動詞の意味を拡張したり（**拡張子機能**）鮮明にするはたらき（**強調機能**）を持っています。ここでは拡張子機能・強調機能を示します。 動詞 ＋ 前置詞（副詞） がどういう意味になるか、それぞれのコアから考えながら右の表や下の用例を学習してください。

≪イディオムの例≫

get ＋ 前置詞（副詞）

get in the car　車に乗り込む
get on with my teacher　先生とうまくやる
get off the plane　飛行機から降りる
get up in the morning　朝起きる
get over my heart break　失恋から立ち直る

keep ＋ 前置詞（副詞）

KEEP OUT　立ち入り禁止
keep on the good work　いい仕事を続ける
keep off the grass　芝生に入らない
keep up my strength　体力を維持する
keep my voice **down**　声を低く押さえる

take ＋ 前置詞（副詞）

take in stray dogs　野良犬を拾って帰る
take on the project　企画を引き受ける
take off my clothes　服を脱ぐ
take up tennis　テニスを始める
take down the sign　標識を取り外す

turn ＋ 前置詞（副詞）

turn in my homework　宿題を出す
turn out O.K.　大丈夫だとわかる
turn up on time　時間通りに現れる
turn down the TV　テレビの音を下げる
turn over the evidence　証拠を覆す

hold ＋ 前置詞（副詞）

hold in my breath　息を吸い込む
hold out my hand　手を差し出す
hold on to me　私につかまったままでいる
hold up the line　列を滞らせる
hold over the payment　支払いを延期する

make ＋ 前置詞（副詞）

make off with a lot of money　大金を持ち逃げする
make up a story　話をでっち上げる
make her **over**　彼女を大変身させる

Lesson 17：接続詞 ── 等位接続詞

重要ポイント

接続詞は、言葉と言葉を結びつけるもの。等位接続・名詞接続・副詞接続の3つのパターンを押さえて、あとは表現をたくさん覚える。形容詞接続は関係詞（Lesson 18）で。

そして and
しかし but
or または
so だから
for というのも

接続詞

文 ── 文

絵でわかる！

Tom and I are friends.

Summer is hot but I like it.

Summer is hot so I like it.

Lesson 17：接続詞——等位接続詞

<解説>

今回はことばとことばの結び付け方（接続法）を説明します。

等位接続詞—文の同じ要素（語・句・節）どうしを対等に結ぶためののりづけをする働きをすることば

Tom	and	I	are friends.
トムと	（誰が？）	私は	友達です。
Summer is hot	**but**		**I like it.**
夏は暑いが	（対立内容は何？）		僕は好きだ。
Summer is hot	**so**		**I like it.**
夏は暑い	だから（何？）		僕は好きだ。

この種類の接続詞は限られています。

A and B	AとB
A but B	AしかしB
A or B	AまたはB
A so B	AだからB
A, for B	AというのはB

できればこれも覚えておきましょう。

both A and B	AとB両方
either A or B	AかBの一方
neither A nor B	AもBも両方〜ない
not only A but also B	AだけでなくBもまた
（=B as well as A）	
not A but B	AではなくB

Lesson 17：接続詞 ── 従位接続詞

重要ポイント

文を1つのことがらとしてとらえる。確定した内容の文は that, 不確定な内容の文は疑問詞を使う。

絵でわかる！

I know that he will come soon.

I don't know
- whether he will come or not
- what he will bring
- when he will come

Lesson 17：接続詞──従位接続詞

<解説>
従位接続詞（1）──文が1つの事柄を表す名詞のまとまりとして文の中で働くものを名詞節と言います。

(1) 確定した内容の文

●〜ということ（that）
- I know ➡ that he will come soon.
  私は知っている（何を？）　彼がすぐ来るということを
- It is certain ➡ that he will come soon.
  確かだ（何が？）　　　　彼がすぐ来るということが

(2) 不確定な内容の文　（間接疑問文といいます）

●〜かどうかということ（whether, if）
　（但し、ifは文頭ではこの意味では使わない）
- I don't know ➡ whether he will come soon.
  私は知らない（何を？）　彼がすぐ来るかどうかを
●誰が〜かということ（who）
- I don't know ➡ who will come soon.
  私は知らない（何を？）　だれが来るかを
●何が（を）〜かということ（what）
- I don't know ➡ what he will bring.
  私は知らない（何を？）　彼が何を持って来るかを
●いつ〜かということを（when）
●どこで〜かということを（where）
●なぜ〜かといことを（why）
●どうやって〜かということを（how）

重要ポイント

接続詞＋文 のセットで副詞の役割をする。この 接続詞＋文 が中心になる文（主節）の前に来れば場面設定を、後ろに来れば補足・追加説明をする。

主節 ➡ 従節

I was about to leave when she came to see me.

私が出かけようとしていた、その時に、彼女が私に会いに来た。

従節 ➡ 主節

When she came to see me, I was about to leave.

彼女が私に会いに来た時に、私は出かけようとしていた。

Lesson 17：接続詞——従位接続詞

<解説>

従位接続詞（2）── 2つの節を主従関係をつけながら結ぶものを従位接続詞と言います。そして、この節は副詞の役割をするので副詞節と言います。

When	I came home,		you were studying.
～時に、	私が帰宅した（で、何？）		君は勉強していたね
↓	（私が帰宅したとき、君は勉強していたね）		
時間の場面設定をする			

＊When が来た段階で、When+S+V, S+V ～という流れが後に続くことを予想します。

➡ 主節の前に置かれた従位接続詞は主節の場面設定をします。

You were studying	when		I came home.
君は勉強していたね、	（いつかというと？）		私が帰宅した時に
	↓	（君が勉強していた、そのとき私が帰宅した）	
	補足・追加情報を付け足す		

＊S+V ～ の後に when が来たら、更に S+V ～ が来ることを予想します。

➡ 主節の後ろに置かれた従位接続詞は主節情報の補足・追加説明をします。

＊主節と従位節の順番の入れ替えは、ニュアンスは異なってきますが、可能。

この種類の接続詞はたくさんあります。

（1）**時**	when (～する時に) → 行為の時点を示す while (～する間に) → 行為が起こる時間の幅を示す／(～する一方) → 対比を示す as (～する時に、～しながら、～するにつれて) till, until (～するまで) before (～する前に) after (～した後で) since (～以来) → 時間の起点を示す as soon as (～するとすぐに)	
（2）**条件**	if (もし～ならば) unless (～もし～でないならば)	
（3）**原因・理由**	because (～だから) → 先行する内容を正当化する機能 since (～だから) → 比較的軽い意味での理由、事柄の起点を示す as (～だから) → 主節と等価な情報を示す	
（4）**結果**	so+形容詞・副詞 that ～ (とても…なので～だ) such+名詞 that ～ (とても…なので～だ)、so that (…、その結果～)	
（5）**目的**	so that 主語+will [can, may] ～ (～するために、～するように)	
（6）**対立**	though, although (～だけれども) even though (たとえ「現実に」～であっても) even if (たとえ「仮に」～であっても)	
（7）**その他**	whether ～ or not (～であろうとなかろうと) as (～するように) → 主節と等価な情報を示す	

Lesson 18：関係詞

重要ポイント

関係詞は、名詞に関して追加的情報を後ろに付け加えるために接続詞的な働きをするもの。who/whose/whomは、人に関する情報を付け足す。which/whoseは、ものに関する情報を付け足す。

● 人に関する情報をつけ足す

——名詞の詳しい情報が欠けているので、who 以下で詳しく説明する。

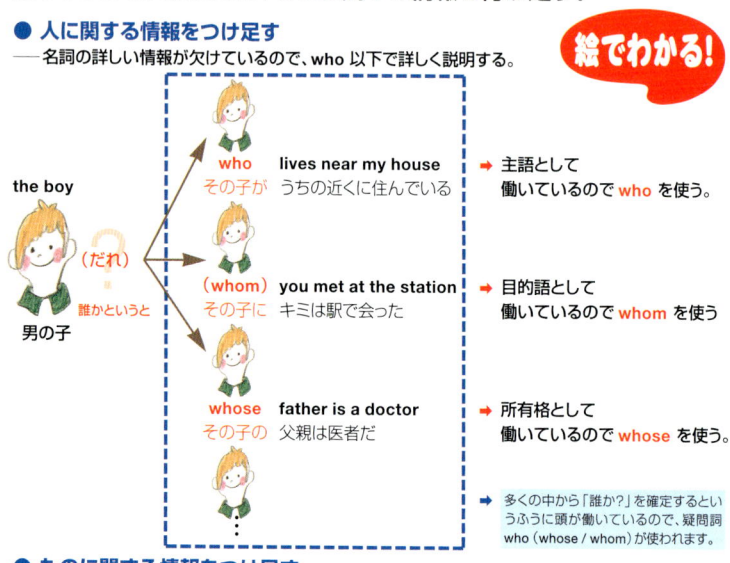

絵でわかる！

the boy
男の子
（だれ）
誰かというと

- who その子が　lives near my house うちの近くに住んでいる
  → 主語として働いているので who を使う。
- (whom) その子に　you met at the station キミは駅で会った
  → 目的語として働いているので whom を使う
- whose その子の　father is a doctor 父親は医者だ
  → 所有格として働いているので whose を使う。

→ 多くの中から「誰か？」を確定するというふうに頭が働いているので、疑問詞 who（whose / whom）が使われます。

● ものに関する情報をつけ足す

——名詞の詳しい情報が欠けているので、which 以下で詳しく説明する。

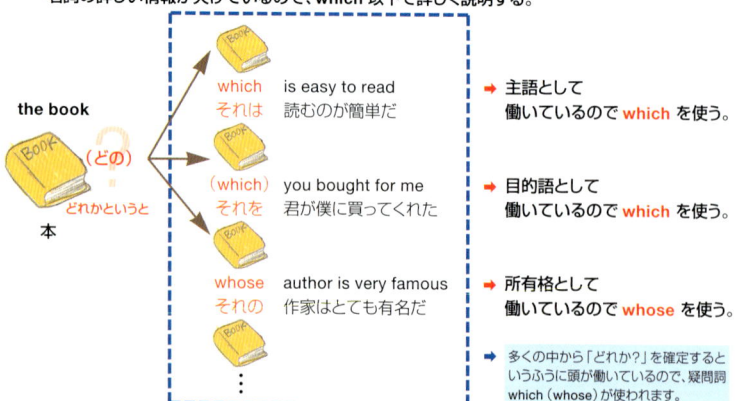

the book
本
（どの）
どれかというと

- which それは　is easy to read 読むのが簡単だ
  → 主語として働いているので which を使う。
- (which) それを　you bought for me 君が僕に買ってくれた
  → 目的語として働いているので which を使う。
- whose それの　author is very famous 作家はとても有名だ
  → 所有格として働いているので whose を使う。

→ 多くの中から「どれか？」を確定するというふうに頭が働いているので、疑問詞 which（whose）が使われます。

Lesson 18：関係詞

<解説>

従来、関係詞は2文を1文にするためのテクニックであるという説明がなされていました。必ずしも間違いではないのですが、我々が英語を聞いたり読んだり、そして話したりする際に2文を1文につなげるという操作はしていません。むしろ、名詞に関して追加的情報をつけ加えるために接続詞的な働きをするものとして使っているはずです。このことを理解するとうまく関係詞が使えるようになります。まずは、日本語と英語の語順の違いについて考えましょう。

> 【日本語】僕が昨日女性に会った
> ↓
> **僕が昨日会った女性**
> と語順を変えると、名詞に重点を置いた表現になり、「僕が昨日会った」という部分が「女性」という名詞の追加的情報になります。このように、日本語の場合は追加的情報を名詞のまえに置きます。
> 【英語】I met the lady yesterday
> ↓
> **the lady whom I met yesterday**
> と、whom でつなぎながら語順を変えると名詞に重点を置いた表現になり、この場合 whom I met yesterday が the lady を追加的に説明しており、英語の場合にはこれを後ろに置きます（後置修飾）。このつなぎのことばが関係詞なのです。

① who/whose/whom ➡ 人に関する情報を付け足す

> ・**the boy who**　　　　　　　　**lives near my house**
> 男の子　（誰かというと、その子は）うちの近くに住んでいる
> ➡ 主語として働いているので who
> ・**the boy（whom）**　　　　　　**you met at the station**
> 男の子　（誰かというと、その子に）君は駅で会った
> ➡ 目的語として働いているのでwhom
> ＊whomはほとんど使いません
> ・**the boy whose**　　　　　　　**father is a doctor**
> 男の子　（誰かというと、その子の）父親は医者だ
> ➡ 所有格として働いているのでwhose
> ＊whoseを使うのは会話ではまれです

② which/whose ➡ ものに関する情報を付け足す

> ・**the book which**　　　　　　　**is easy to read**
> 本　（どの本かというと、それは）読むのが簡単だ
> ➡ 主語として働いているのでwhich
> ・**the book（which）**　　　　　　**you bought for me**
> 本　（どの本かというと、それを）君が僕に買ってくれた
> ➡ 目的語として働いているのでwhich
> ・**the book whose**　　　　　　　**author is very famous**
> 本　（どの本かというと、それの）作家はとても有名だ
> ➡ 所有格として働いているのでwhose

● **that を使う時の流れ**

── 名詞に情報を加えて、その範囲を絞り込む。

絵でわかる！

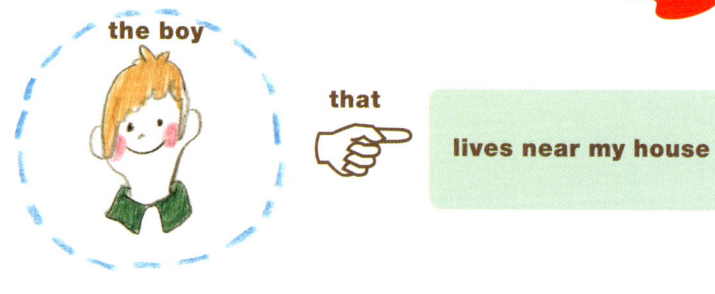

the boy　　　that　　　lives near my house

男の子　　（つまりその子は）　　家の近くに住んでいる

> ➡ 「それはつまり」というふうに、すでに確定されたものを想定して指示しているので、that が使われます。（詳しくは Lesson 20）

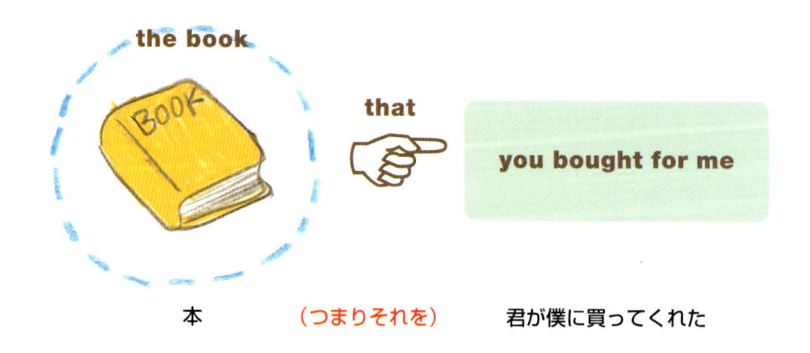

the book　　　that　　　you bought for me

本　　（つまりそれを）　　君が僕に買ってくれた

Lesson 18：関係詞

<解説>
③ that ➡ 人・もの両方に関して、情報を加えてその範囲を絞り込む

- the boy that ➡ lives near my house
  男の子（つまりその子は）　家の近くに住んでいる
- the book（that）➡ you bought for me
  本　　　（つまりそれを）　君が僕に買ってくれた

＊ that はwho / whom / which と交換可能です。whose の代わりはできません。
＊ who / whom / whose あるいは which / whose の選択は、名詞の後の追加的情報の文の中でどういう働きをするかによって決めます。
＊ 目的格の関係詞（whom / which / that）は省いても追加情報が名詞の後に続いていることが認識できますので省略できます。

コラム★複合関係代名詞？？？★

従来の英文法では複合関係代名詞などという恐ろしく難しい言葉が使われています。whoever, whatever, whichever のことです。そして、複合関係副詞として whenever, wherever, however が挙がっています。
でも、これも難解な用語に惑わされないで、疑問詞に強意の ever がついていると考えれば足ります。whoever で考えてみましょう。

Who ever likes him?
（一体誰が彼を気に入っていますか）➡ 通常の疑問文（everは強意）
He doesn't care who likes him.
（誰が彼を気に入っているか彼は気にしていません）➡ 間接疑問文
Whoever likes him says he is a nice man.
（彼を気に入っている人は誰でも、彼は素敵な人だと言います）
➡ whoever likes himは「誰が彼を気に入っているか」が強められて、「誰が彼を知っていても、誰でも」という意味で全体として名詞になっています。
Whoever says so, it is wrong.
（たとえ誰がそう言っても、それは間違いだ）
➡ whoever の部分を主節から独立させれば「たとえ誰が〜しても」という意味での副詞節として使われます。
関係詞というのは、先行する名詞の付加情報を展開する節のマーカーですが、複合関係詞といっても全く関係詞自体の文法的機能を担っていません。これも難解な用語が徒に混乱を招いているいい例です。

● what を使うときの流れ

絵でわかる！

I don't know *what he said.*

私は知らない　→　彼が何を言ったか　→ 話し手が自分の知らないことについて「何？」と尋ねている内容を know の目的語にしてる
（なにを？）
　　　　　　　　彼が言ったこと　　→ 話し手が知っていながら漠然と「こと」として言及している事柄を know の目的語にしている

what he said was very important.

彼が言ったこと　→　は とても重要だった　→ 話し手が知っていながら漠然と「こと」として言及している事柄を文の主語にしている

> → ある特定の「モノ、コト」を指示しているのが、それが何であるか漠然としていたり、漠然と言及する時に what が使われる。

Lesson 18：関係詞

<解説>

④ what ➡ 漠然と「コト・モノ」を表す名詞節を作る

従来はこれを関係詞として、先行詞を含んだ関係代名詞としていましたが、先行詞がないのに関係詞と説明するのは自己矛盾です。

> ・I don't know ➡ what he said.
> 私は知らない　① 何を彼が言ったか（ということ）
> 　　　　　　　➡ 話し手が自分の知らないことについて「何？」と尋ねている内容を
> 　　　　　　　　know の目的語にしてる
> 　　　　　　② 彼が言ったこと
> 　　　　　　　➡ 話し手が知っていながら漠然と「こと」として言及している事柄を
> 　　　　　　　　know の目的語にしている
> ＊2つは訳し方が違っていても、本質的には同じ事態を表しています。
> ・What he said　　　was very important.
> 　彼が言ったことは　とても重要だった。
> ➡ 話し手が知っていながら漠然と「こと」として言及している事柄を文の主語にしている

⑤ when / where / why / how ➡ 時、場所、理由、方法に関する情報を付け足す

> ・the year when　　　　　　　　he was born
> 　年（いつかというと、その時に）　彼が生まれた
> ・the city where　　　　　　　　 he was born
> 　都市（どこかというと、そこで）　彼が生まれた
> ・the reason why　　　　　　　　he hasn't come yet
> 　理由（なぜかというと、そのために）彼がまだ来ていない
> ➡ the reason why の部分は、the reason だけでも why だけでもいいです。
> why だと名詞節になりますが、表している内容は同じです。
> ・the way　　　　　he did the work
> 　方法　　　　　　彼が仕事をやった
> ➡ the way と来たら how が当然想定されるので常に省略されます
> ・how　　　　　　 he did the work
> 　どうやって　　　彼が仕事をしたか（ということ）
> ➡ これは疑問詞で不確定な内容を表す名詞節。

⑥ 前置詞＋関係詞 ➡ 名詞に関して情報を付け足す

> ・the person with whom　　　　you spoke yesterday
> 　人（誰とかというと、その人と）　君が昨日話をした

前置詞の後なので、関係詞は目的格（whom, which）を使います。
また、この用法では、that を使ったり、省略することはできません。
＊これも①〜⑤までと理屈は同じです。ただし、この形は少し硬い表現なので会話ではあまり使いません。会話では、the person you spoke with yesterday という風に、前置詞を後ろに置く方が普通です。

Lesson 19：itの用法

重要ポイント

it は「それ」、つまり前に出てきたものを示す。また、it は主語を立てるための言葉、語順を整序する言葉。

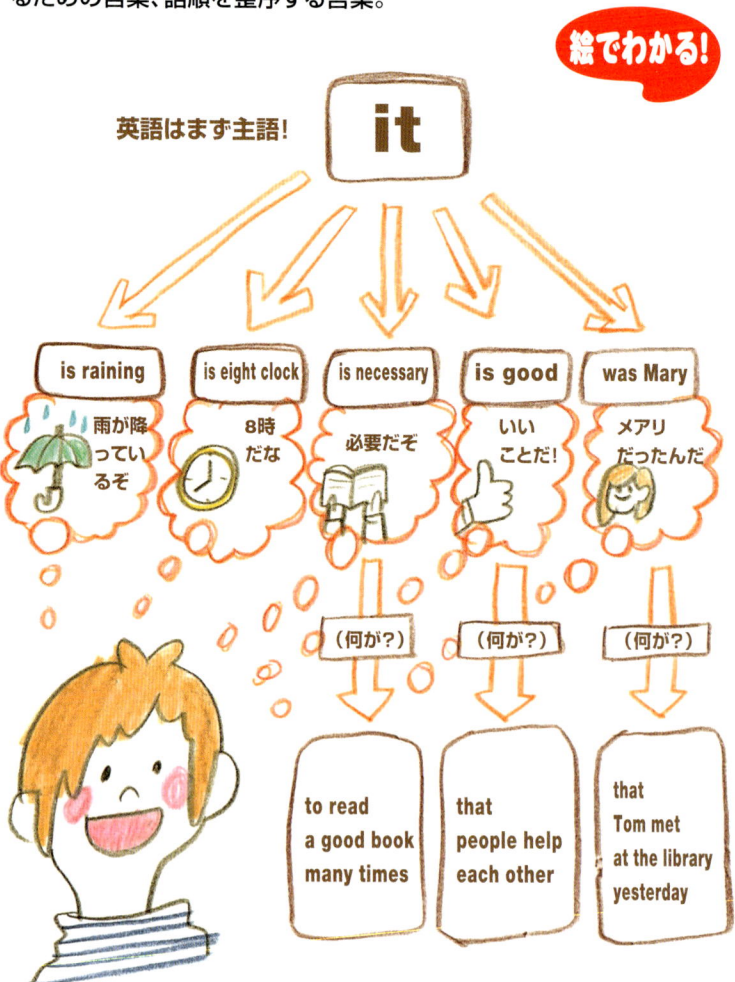

絵でわかる！

英語はまず主語！

it

- is raining — 雨が降っているぞ
- is eight clock — 8時だな
- is necessary — 必要だぞ ←（何が？） to read a good book many times
- is good — いいことだ！ ←（何が？） that people help each other
- was Mary — メアリだったんだ ←（何が？） that Tom met at the library yesterday

Lesson 19：itの用法

<解説>

it は三人称単数を表す代名詞ですが、それを越えて様々な用法を持つ便利な言葉です。

これまでにも述べた通り、英語ではとにかく先ず主語を決定しなくてはなりません。しかし場合によっては適当な主語に該当するものが見当たらないことがでてきます。例えば日本語では、「雨が降っている」と主語がある場合もあれば、「暗くなってきた」と主語がない場合もあります。ところが、文に主語が必ず必要な英語では、とにかくまず文の始めに主語を立てないと文が作れません。そこで登場するのが it です。

先の「雨が降っている」は、英語では "It is raining."と言います。また、「暗くなって来た」は "It is getting dark"と言います。この It には指すものがありません。あえて言っと、話題にしている状況を漠然と表している、と言えるでしょうが、主語を立てるための言葉だと了解してください。同様に、「6時です」は、"It is six." と言います。つまり何を主語にするのか困った時には、まず It といって始めるわけです。

> **It is fine.**（天気がいい。）
> **It's kind of you.**（君って親切だ）
> **It's enough.**（十分だよ）

次に英語では、主語が長くなったり、主語が不定詞や that 節になることをあまり好みません。その場合もまず It で始めて先に結論を述べておいて、その後に「何が？」にあたる中身を展開していきます。

1. **It is necessary** ➡ **to read a good book many times.**
   必要だ（何が？）　　何度も良い本を読むことは。
2. **It is good** ➡ **that people help each other.**
   良いよ（何が？）　　人々がお互いに助け合うのは。

この用法が発展すると**「強調構文」**という形式に応用されます。

Tom met Mary at the library yesterday. を強調構文にしてみましょう。

1. **It was Tom** ➡ **that met Mary at the library yesteday.**
   それはトムだったよ（何が?）　昨日図書館でメアリーに逢ったのは。

これは学校で訳す時、「昨日図書館でメアリーに会ったのはまさにトムでした」と習います。同様に、

2. **It was Mary** ➡ **that Tom met at the library yesterday.**
   それはメアリーだったよ（何が?）　トムが昨日図書館で会ったのは。

さらに名詞部分ばかりか副詞も強調できます。

3. **It was at the library** ➡ **that Tom met Mary yesterday.**
   それは図書館でだった（何が?）昨日トムがメアリーに会ったのは。

4. **It was yesterday** ➡ **that Tom met Mary at the library.**
   それは昨日だった（何が?）　トムが図書館でメアリーに会ったのは。

となります。

➡ （ピンク）の部分が強調されています。

また、この it は第5文型目的語の代わりにも使います。

I think it nice ➡ **to study English.**
良いことだと思うよ（何が?）　英語を学ぶのは。

Lesson 19：itの用法

コラム★情報の予告と展開★

難しい話ではありません。結論を先取りして、あとで一体何が？一体どんな風に？という順序で文を組み立てるやり方です。その際、it, so, such を使って語順を整序しながら文を作ります。

(1) it を使ったもの。

- **It is nice** ➡ **to play golf in the mountain.**
  すばらし（何が？） 　山の中でゴルフをすることは

- **I think it necessary** ➡ **for you to read this book.**
  必要だと思うよ（何が？） 　君がこの本を読むことが

- **It is doubtful** ➡ **whether he will come or not.**
  疑わしい（何が？） 　彼が来るかどうかが

- **It is not clear** ➡ **when he will pay the money back.**
  はっきりしない（何が？） 　彼が金を返してくれるかどうかが

(2) so, suchを使ったもの。

- **This book was so difficult** ➡ **that I couldn't read it.**
  この本ってそんなに難しかった（どんなに？） 　僕が読めなかったほど

- **He is such a nice person** ➡ **to help me with the work.**
  彼はそんな素晴らしい人だ（どんなに？） 　仕事を手伝ってくれるほど

気をつけたいのは、「**情報は常に左から右へ流れる**」ということです。この本では、後ろから前に訳し上げたり、長い修飾語が被修飾語を後ろから前に修飾する、などといった説明は一切していません。**言語の線条構造**をしっかり踏まえて、理解する文法から脱皮して、使う文法へと発想を転換してください。

Lesson 20：that

重要ポイント

thatは「あれ」というふうに「何か特定のものを指す」働きをする。そこから、何かを言った後で、言葉をつないで情報を追加する「ノリシロ」としても働く。

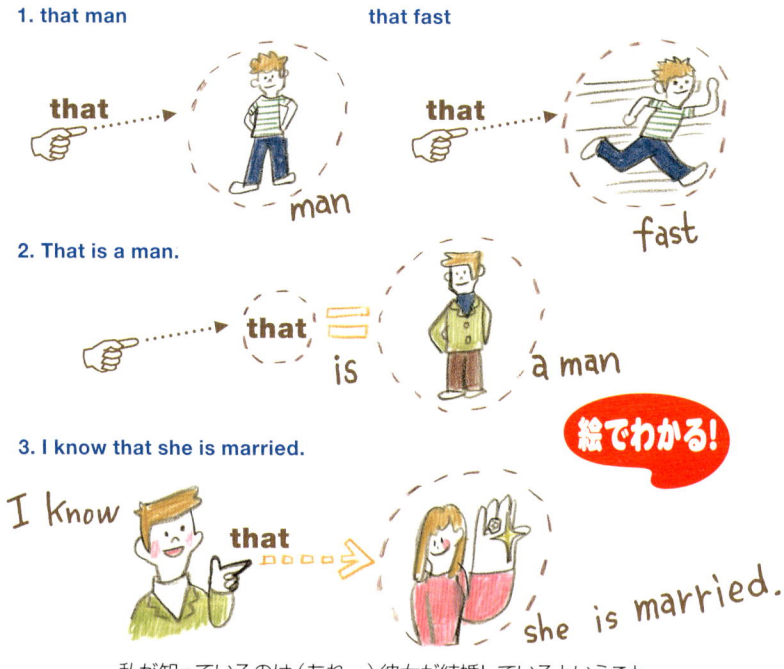

1. that man   that fast

2. That is a man.

3. I know that she is married.

私が知っているのは（あれ→）彼女が結婚しているということ

4. He is so busy that he can't see you.

彼はそんなに忙しい ➡ どんなに？それは ➡ 彼が君に会えないくらい

Lesson 20：that

<解説>

このレッスンでは、英語でとってもよく使う重要な言葉 "that" をとりあげます。**"that"** は本来、**「あれ、それ」**として空間的、心理的に距離感のある**「何か特定のものを指す」**働きをします。「指し示す」ことから、2つのものをつなぐ**「ノリしろ」**として使うこともあります。何かを言った後で、どんどん言葉をつないで情報を追加する時に役立つのが、that です。

この極めて重要な代名詞 "that" が英語でどのように現われ、どのように応用されるのか、順番に見ていきましょう。

1. that man

こう言った場合、この that は man を指し示して「あの男」という意味になります。
He is running that fast. だと、彼はあんなに速く走っている、というふうに、彼の走っている様子を指し示して「あんなに」速く、という意味を表します。

2. That is a man.

「あれは男性です」という意味ですが、「あれ」というように何かを指し示して、主語の替わりになっています。

3. I know that she is married.（私は彼女が結婚していることを知っている）

I knowと言った時、相手は「何を知っているのか？」と know の対象（名詞）を聞くでしょう。この that はそのあとの文を一つのことがらとして名詞節にする働きをします。she is married（彼女が結婚しているということ）は、ひとつの名詞として働いていることになります。
that 節は次の位置にも来ます。
That she is married is known well.（彼女が結婚していることはよく知られている）
このように "That she is married" は名詞節を作るわけですから、主語にすることもできます。

4. He is so busy that he can't see you.

いわゆる "so〜that" のパターンです。「彼はそんなに忙しい」と言うと、相手は相槌を打ちながら「そんなにって、どんなに？」と聞きたくなるでしょう。これが、英語特有の情報の流れです。そこで "that" の後に（それは、〜）と説明をすることになります。そうすると「彼はとても忙しいので、あなたに会うことはできません」という意味になります。この "so〜that" は「〜ので」という言葉でつないで、前から後ろへ訳していくといいでしょう。

5. Everyone knows the fact that the earth is round.

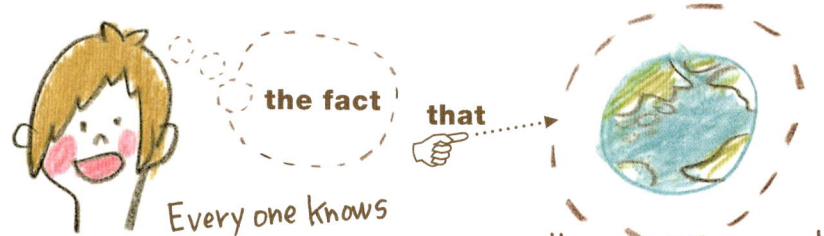

the fact　that
Every one knows　　　the earth is round.

みんな真実を知っている ➡ どういう真実?それは ➡ 地球が丸いということ

6. I know a girl that loves you.

that
I know　a girl　　　loves you.

私は女の子を知っている ➡ that（その子は）➡ 君を愛してる

絵でわかる!

＊ここで注意してほしいのですが、that の用法をたくさん場合分けをして丸暗記するという学習法が一般的ですが（that の識別）、使えるようになるための実践的な文法をマスターするためには、本質的な意味をしっかり見据えた上で、どういう用法で使っているのかを意識せずに使えるようになることが大切です。そのためには、文法用語をいたずらに振り回すのではなく、本質だけをスッキリと理解して自分で何度も使ってみることが大切です。くれぐれも that の識別が英語の勉強だと勘違いしないように。

Lesson 20 : that

5. 関係代名詞の that（Lesson 18 参照）

詳しくは関係代名詞をもう一度参照してください。

that ➡ 人・もの両方に関して、情報を加えてその範囲を絞り込む

- the boy   that   ➡ lives near my house
  男の子（つまりその子は）   家の近くに住んでいる
- the book   （that） ➡ you bought for me
  本   （つまりそれを）   君が僕に買ってくれた

6. 同格の that

- Everyone knows the fact   ➡ that the earth is round.
  誰もが事実を知っている（どういう事実を？）地球が丸いということ
- Everyone knows   ➡ that the earth is round.
  誰もが知っている（何を？）   地球が丸いということ

➡ 2つを比べてもらえば分かりますが、上のように the fact = that the earth is round のような同格（直前の名詞を that 以降の節が詳しく展開）と3、で見たような名詞節を作る that 節も、本質は全く変わりません。

7. 強調構文 "It〜that" の "that"（Lesson 19 参照）

- It was Tom   ➡ that met Mary at the library yesteday.
  それはトムだったよ（何が？）   昨日図書館でメアリーに会ったのは

➡ それはトムだった、と先に言いたい結論をズバリ言って強調しておいて、何が？→昨日図書館でメアリーに会ったのは、というふうな流れにします。ここでは、前半部分と後半部分を that がつないでいます。

Lesson 21：仮定法

重要ポイント

仮定法は事実に反する仮想空間を表わすもの。時間を一つ前にずらして現実感をなくすのがポイント。

If I were a boy, I would become a baseball player.

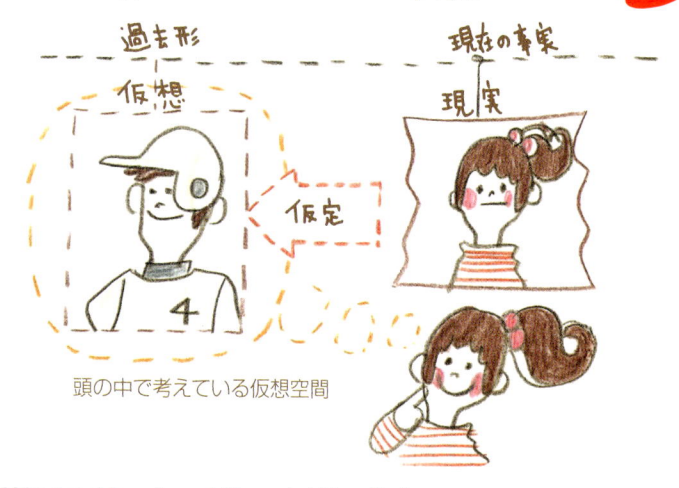

過去形 / 仮想 / 仮定 / 現在の事実 / 現実

頭の中で考えている仮想空間

If I had met her, I would have told her that.

過去完了形 / 仮想 / 仮定 / 過去の事実 / 現在

頭の中で考えている仮想空間

Lesson 21：仮定法

<解説>

事実に反する想像の世界、仮定法について勉強してみましょう。

● 仮定法過去 ── 現在の事実に反する仮想

仮定法というのは、事実に反することを頭の中で考える時に使います。日本語では「もしボクがキミだったら……」というように、過去形で言うと、現実味のない仮定になりますね。このように事実に反することを言おうとする時には、過去形を使います。英語でも同じなのです。

・**If I were a boy, I would become a baseball player.**

（もし私が男の子なら、野球選手になるのになあ）

「私が男の子であること」というのは、ありえないことなので、現在とは断ち切れた現実感のない事柄を表す過去形を使います。そして、次には「たぶん〜だろう」と推量の助動詞 "would" を使います。will は現実味のある推量ですね。ところが、この will も過去形にすると、仮定の上での推量「〜だろうに」を表すのです。

このように仮定法では、"if" 節のところの動詞が過去形になり、それについて推量を述べている主節のところに助動詞の過去形（would, could, might）が使われます。

● 仮定法過去完了 ── 過去の事実に反する仮想

では、過去のことを話していて、その過去の事実に反することをいう場合はどうでしょう。

・**If I had met her, I would have told her that.**

（もし彼女に会っていたら、そのことを伝えていただろう）

現実には私は彼女に会っていなかった。ところが「もし彼女に会っていたならば」と過去の事実に反することを仮定して、「それを彼女に伝えておいただろうに」と仮定の上での推量をします。いずれにしても、過去の事実に反しているので、過去形は使えません。過去の現実感を取るために、過去完了形を使って表現します。

● **理論上の仮説、その他**

それから、これから先のこと（未来）で、現実味はないが、万が一こうだったとしたら...という仮定をする場合は、次の表現を使います。

・**If you should meet him, please tell him to come and see me right away.**
（万が一彼に会ったら、すぐ私に会いに来るように言って下さい）
➡ 万が一（可能性が低い場合。実際には十分起こりうる場合にも使う）

・**If you were to be born again, what would you like to be?**
（もし仮にもう一度生まれたら、君は何になりたい？）
➡ 現実を脇において、理論上の仮説を立てる場合

● **現実化されていない動作・状態**

まだ現実化されていない動作・状態を表現する時には、原形を使います。

・**I recommend that your son start working.**
（お宅の息子さんには、働き始めるように勧めます）
➡ まだ働いていないので、現実化された動作ではありませんね。従って、原形を使います。

覚えておきたいフレーズ

・I wish ≪仮定≫で「～だったらいいのになぁ」
I wish I had 1 million dollars.
・as if ≪仮定≫で「まるで～かのように」
He talks as if he were a baby.
・without ～で「もし～がなかったら」
Without air, we could not live.

Lesson 21：仮定法

コラム★不定詞と ～ing形の本当の違い★　　　　　　　　　Lesson10・12 参照

to ～（不定詞）は「これから～する」という意味です。～ing（動名詞・現在分詞）は「（現に）～している」という意味です。このことはこの本で一貫して言っていることです。これをいろいろな場面で応用してみましょう。

・**I tried to open the door.**（私はドアを開けようとした）

・**I tried opening the door.**（私はドアを試しに開けてみた）

不定詞の場合は、「これから～しようとする」つまり、まだ行っていない、予定した動作を表しています。～ing形（動名詞）の場合は、「現に～してみる」つまり、もう行った動作を表しています。

・**I know many people who want to work in my company.**
（私はうちの会社で働きたい人をたくさん知っています）

・**I have many people working in my company.**
（私はうちの会社で働いている人がたくさんいます）

不定詞の場合、「これから働く（働きたい）人」を表しています。～ing形の場合、「現に働いている人」を表しています。

・**I don't like my daughter to smoke.**
（うちの娘がタバコを吸うようなことがあってはいかん）

・**I don't like my daughter smoking.**
（うちの娘がタバコを吸っていて気に入らん）

この場合、I（私）はお父さんだとしましょう。不定詞の場合、「娘がこれからタバコを吸う」の意味です。～ing形の場合、「娘が現にタバコを吸っている」の意味です。

以上から分かるように、to～ と ～ing の本質的な意味だけちゃんとつかまえていれば、不定詞の**用法だと特定しなくても、うまく意味を了解して使うことができます。～ing も同じで、上の事例で分かるとおり、それが動名詞なのか現在分詞なのかを区別することが本当の勉強ではありません。

コラム★ to は未来を、～ing は過去を表す?!★　　　　　　　　　Lesson10・12 参照

従来の本にはよくこんな記述があります。

・**remember + to ～** は未来における動作を覚えておく

・**remember + ～ing** は過去に起きた動作を覚えている

しかし、本当にそうでしょうか。to～ で表された動作は、to がもともとあるものとあるものとが向き合った状態を表す言葉なので、動詞が向かい合わせになると、to～ で表される動詞が今後の予定とか義務を表す、未来志向的な意味になります。ところが、～ing は「（現に）～している」という意味でしかありません。したがって、remember + ～ing は「（実際に）～していることを覚えている」という意味になります。つまり、ing で表される動詞が正に頭の中で現に～していると考えながら記憶を思い出しているさまを表しています。ですから、逆に a dying horse は「現に死んでいっている馬」つまり、今現に死んでいっている（瀕死の）様子を目に見える形で知覚しながら表現しているのです。ですから、～ing は過去志向、というのは不正確です。

Lesson 22：比較

> **重要ポイント**

比較の根本は2者の比較（原級、比較級）と3者以上の比較（最上級）。

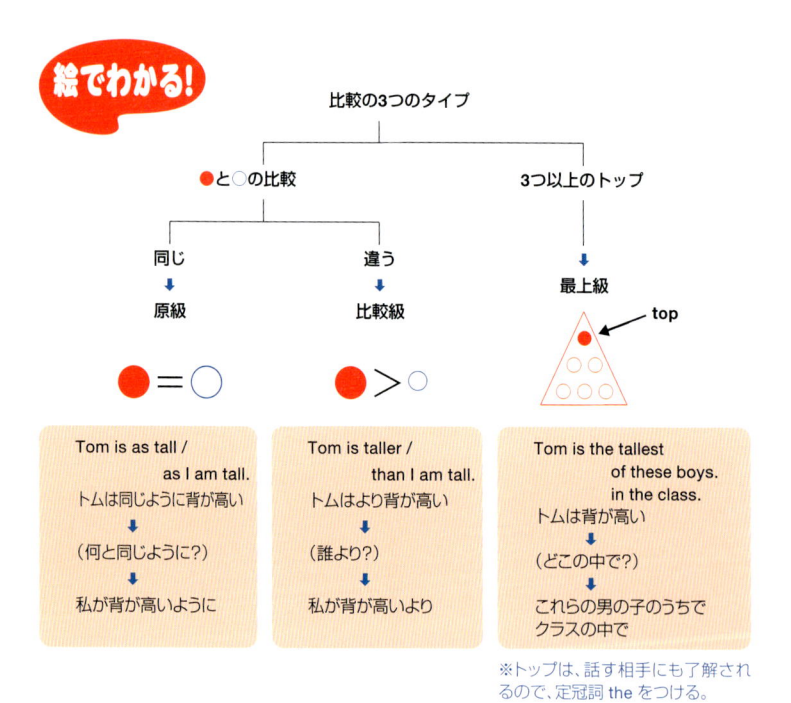

絵でわかる！

比較の3つのタイプ

- ●と○の比較
  - 同じ → 原級
  - 違う → 比較級
- 3つ以上のトップ → 最上級　top

● ＝ ○

● ＞ ○

Tom is as tall /
　　as I am tall.
トムは同じように背が高い
↓
（何と同じように？）
↓
私が背が高いように

Tom is taller /
　　than I am tall.
トムはより背が高い
↓
（誰より？）
↓
私が背が高いより

Tom is the tallest
　　of these boys.
　　in the class.
トムは背が高い
↓
（どこの中で？）
↓
これらの男の子のうちで
クラスの中で

※トップは、話す相手にも了解されるので、定冠詞 the をつける。

Lesson 22：比較

＜解説＞

背の高いトムくん。僕も背が高いです。さて、どちらが背が高いでしょう？（2者の比較）。また、クラスにたくさん男の子がいます。誰が一番背が高いでしょう？（3者以上の比較）

このように比較では、① 2者の比較と ② 3者以上での比較があります。そして、① の2者の比較では、2者が同等の場合と、優劣がある場合があります。詳しくは、左ページを見てください。

まずは形容詞、副詞の変化形を覚えましょう。

【語形変化】

	規則	原級	比較級	最上級
大部分の語	語尾＋er,est	fast	faster	fastest
－e	語尾＋r,st	large	larger	largest
子音字＋y	y ➡ i＋er,est	early	earlier	earliest
短母音＋子音字	語尾の子音字を重ねて＋er,est	big	bigger	biggest
長い語	more〜, most〜	beautiful	more beautiful	most beautiful
不規則変化		good / well	better	best
		bad / ill	worse	worst
		many / much	more	most
		little	less	least
		few	fewer	fewest
		old (年取った)	older	oldest
		（年上の）	elder	eldest
		far (遠い、遠くに)	farther	farthest
		（さらに）	further	furthest
		late(時間：遅い)	later	latest
		（順序：後の）	latter	last

比較にはいろいろな表現がでてきます。比較の本質を押さえつつ、その応用の仕方を理解して表現をマスターしてください。基本的な表現を挙げましょう。

①原級 ●＝○
(●と○を比べると等しい、という表現が原級です)

My bicycle is as new as yours.　　➡ ●は○と同じぐらい〜
（私の自転車は君のと同じぐらい新しい）

Your bicycle is not as [so] new as mine.　➡ ●は○ほど〜ではない
（君の自転車は僕のほど新しくない）

Nothing is as important as health.　➡ ○ほど〜なものはない
（[何も] 健康ほど大切なものはない）

I have just as many books as my brother.　➡ just（ちょうど）、
（僕は君のお兄さんとちょうど同じ数の本を持っている）　　almost（ほとんど）など

Your house is twice as large as mine.　➡ 倍数：twice（2倍）、
（君の家は僕の2倍の大きさだ）　　…times（…倍）、
　　half（半分）など

Get back as soon as possible [you can].　➡ できるだけ〜
（できるだけ早く戻りなさい）

②比較級 ●＞○
(●と○を比べると●のほうが程度が高いというのが比較級です)

My house is larger than yours.　➡ ●は○より〜
（僕の家は君のより大きい）

Health is more important than anything else.　➡ ●はほかのどの…よりも〜
（健康はほかの何よりも大切だ）

Nothing is more important than health.　➡ ○より〜なものはない
（[何も] 健康ほど大切なものはない）

She gets up much earlier than you.　➡ 比較の強調：much, far,
（彼女は君よりもはるかに早く起きる）　　even, still

You are three years younger than me.　➡ 比較の差 = by 〜
（君は私の3つ年下だ）

Lesson 22：比較

It is getting darker and darker.
（だんだん暗くなってきている）
→ だんだん〜

The higher we went, the colder it became.
（我々が高く上れば上るほど、それだけ寒くなった）
→ 〜すればするほど、それだけ〜

③最上級3つ以上のトップ

（3つ以上のもの、ある集団の中で比較して一番というのが最上級です）

May is the shortest of all the girls in our class.
（メイはクラスの女の子全員のうちで最も背が低い）
→ …の中で、のうちで一番〜

She is by far the fastest runner.
（彼女はずば抜けて足が速い）
→ 最上級の強調：
（はるかに一番〜）
much, by far,
the very 〜est

Osaka is the second biggest city in Japan.
（大阪は日本で2番目に大きい都市だ）
→ …番目に一番〜

Nagoya is one of the biggest cities in Japan.
（名古屋は日本の最も大きい都市のひとつだ）
→ 一番〜のうちの一つ

I like summer (the) best.
（私は夏が一番好きだ）
→ 副詞の最上級は the を省略してよい

I'm cleverer than (I was) yesterday.

文法マップ ② ── 英文の構造

絵でわかる!

> このあと動詞(V)が必ず来ると予想
> 動詞(V)の情報の完結度に応じてα、副詞③が決まる

副詞①	助動詞	S	助動詞	副詞②	V	α	副詞③
〈状況設定〉 時間・条件・ 場所 疑問詞	疑問文の マーカー			頻度・ 否定 強意など			〈補足的・追加的 情報〉 時間・場所・理由・ 状態など
第1文型		I			arrived		[here] [yesterday].
第2文型		I			am	sorry	[for her].
第3文型		Henry			ate	sandwiches	
第4文型		Mr.Ito			teaches	[us] [English].	
						[we] HAVE [English].と考える	
第5文型		We	must		keep	[our teeth] [clean].	
						[our teeth] BE [clean].と考える	
When	did	he			come		home?
	Must	I		really	do	it	[at once]?
[when I got here],		he	had	already	gone		[to bed].
		I	could	not	attend	the meeting	[because I was ill].
		[Reading in bed]			is	a bad habit.	

Read in a voice!

＜解説＞

最後に英文の組み立て方のまとめをしましょう。

副詞①	—	＜状況設定＞のための副詞（時間・場所・条件・疑問詞など）。副詞のかたまりの作り方は次のページを参照。
助動詞	—	疑問文であることを示す動詞・助動詞
S	—	文の主語。このあとに必ず動詞が来ることを予想しましょう。
助動詞	—	話者の主観や評価・判断をあらわす助動詞。
副詞②	—	頻度・否定・強意などを表す副詞。
V	—	文の動詞。このあとに、動詞の意味に応じて必要な情報が来ます。
α		文の必要要素。動詞の意味によって何が来るかが決定されます。必要に応じて目的語や補語だけでなく副詞も必要的要素になります。
副詞③	—	＜補足的・追加的情報＞を表す副詞（時間・場所・理由・状態など）。

文型（動詞のあとに続くパターン）

第1文型 = V …………… 動詞だけで情報が完結する。
　　　　　　　　　　　副詞情報を必要とする場合は、
　　　　　　　　　　　必要に応じて入れる。

第2文型 = V + C ………… 動詞のあとに補語（名詞・形容詞）が来る。
　　　　　　（補語）　　　但し名詞は be, become のあとのみ。

第3文型 = V + O ………… 動詞のあとに動作の対象（目的語）が来る。
　　　　　　（目的語）　　但し副詞を必要とする動詞の場合もある。

第4文型 = V + O + O … 動詞のあとに目的語が2つ来る。
　　　　　　（目的語）（目的語）（目的語）HAVE（目的語）と考えるとよい。

第5文型 = V + O + C … 動詞のあとに目的語＋補語と続く。
　　　　　　（目的語）（補語）　（目的語）BE（補語）と考えるとよい。

＊目的語・補語がどのようなものを取るかは、次のページを参照。

文法マップ ③ —— 英文の構造

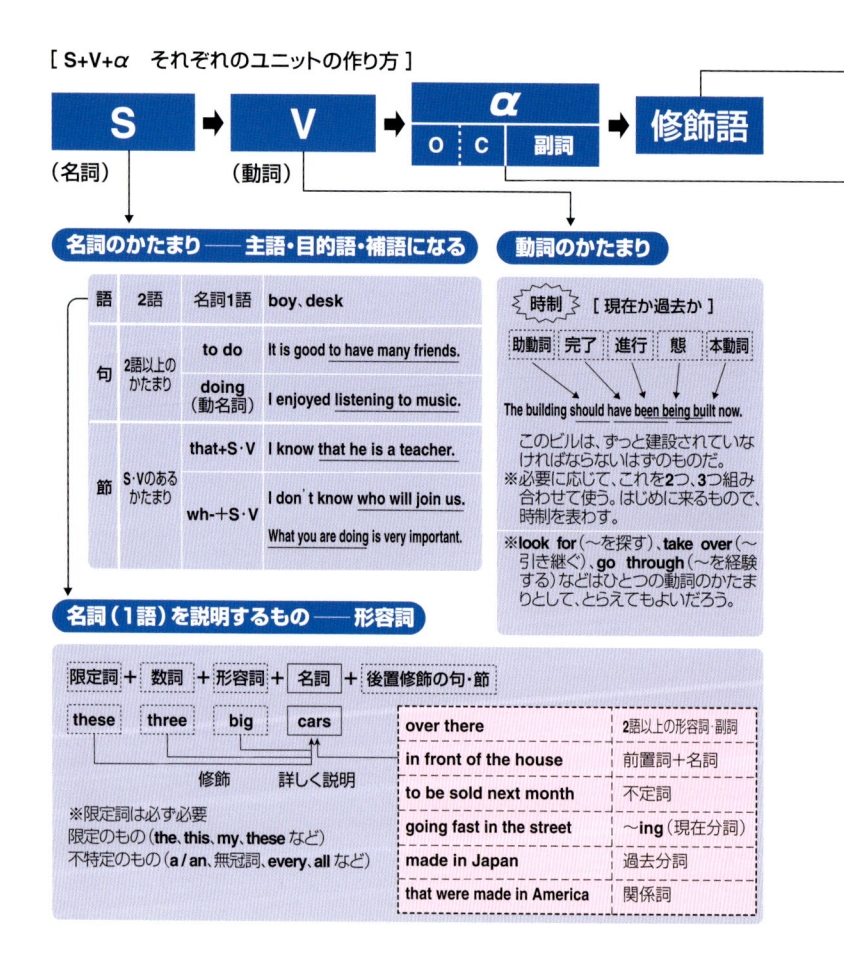

[S+V+α　それぞれのユニットの作り方]

S（名詞） → **V**（動詞） → **α**（O / C / 副詞） → **修飾語**

名詞のかたまり —— 主語・目的語・補語になる

語	2語	名詞1語	boy、desk
句	2語以上のかたまり	to do	It is good to have many friends.
		doing（動名詞）	I enjoyed listening to music.
節	S・Vのあるかたまり	that+S・V	I know that he is a teacher.
		wh-+S・V	I don't know who will join us.
			What you are doing is very important.

動詞のかたまり

時制　[現在か過去か]

| 助動詞 | 完了 | 進行 | 態 | 本動詞 |

The building should have been being built now.

このビルは、ずっと建設されていなければならないはずのものだ。

※必要に応じて、これを2つ、3つ組み合わせて使う。はじめに来るもので、時制を表わす。

※**look for**（〜を探す）、**take over**（〜引き継ぐ）、**go through**（〜を経験する）などはひとつの動詞のかたまりとして、とらえてもよいだろう。

名詞（1語）を説明するもの —— 形容詞

| 限定詞 | + | 数詞 | + | 形容詞 | + | 名詞 | + | 後置修飾の句・節 |

these　three　big　cars

修飾　　　詳しく説明

※限定詞は必ず必要
限定のもの（**the**、**this**、**my**、**these** など）
不特定のもの（**a / an**、無冠詞、**every**、**all** など）

over there	2語以上の形容詞・副詞
in front of the house	前置詞＋名詞
to be sold next month	不定詞
going fast in the street	〜ing（現在分詞）
made in Japan	過去分詞
that were made in America	関係詞

絵でわかる！

動詞を説明するもの ── 副詞
（αのうしろの位置以外にも、Sの前、SとVの間にも来ます）

語	1語	副詞1語	yesteday, usually, quite
句	2語以上の かたまり	副詞句	two years ago
		前置詞＋名詞	Kids are playing baseball <u>in the park</u>.
		to do	I'm studying English <u>to go to America</u>.
		doing（分詞構文）	This train left at 8:00, <u>arriving at 12:00</u>.
		done（分詞構文）	<u>Written in easy English</u>, this book is easy to read.
節	S・Vのある かたまり	接続詞＋S・V	<u>When I saw her</u>, she looked sick.
			<u>If you turn left</u>, you will see the post office.

動詞の後に続くもの ── 5文型

※αの部分に修飾語（副詞）も加味すれば、別の枠組も考えられますが、
便宜上、従来の5文型に従います。

Ⅰ	V	Vの後に副詞や前置詞＋名詞が 必ず来る動詞もあります。	The cup broke. _S　_V She lives in Tokyo. _S　_V
Ⅱ	V・C	C ＝ ｛名詞：to〜、「ing〜」、wh−節、that節 　　　形容詞：「ing〜」、過去分詞、前置詞＋名詞	She looks young. _S　_V　_C
Ⅲ	V・O	O ＝ 名詞：to〜、「ing〜」、wh−節、that節 （Oの後に前置詞＋名詞が必ず来る動詞もあります）	I love her. _S _V _O I regard him as the best teacher. _S　_V　_O
Ⅳ	V・O・O		I gave him a kick. _S　_V　_O　_O
Ⅴ	V・O・C	C ＝ ｛名詞、what節 　　　形容詞：「ing〜」、過去分詞、前置詞＋名詞 　　　to〜、原形動詞	I get him to bring the book. _S　_V　_O　_C

EXERCISE 例文集（英語 ⇄ 日本語）

ここにはこれまでの文法事項を使った例文を挙げます。英文を何度も音読し、さらに日本語を英語に直す練習を口頭で何度も繰り返し行って、英文法が使えるようになってください。

● 主語の決定
- I hear you are going to buy a new car.　　新しい車、買うんだって。
- Do they sell this book at that bookstore?　　この本、あの本屋で売ってる?
- A little more efforts will make you succeed.　　もう少しの努力で成功するよ。

● 人称代名詞
- We should find a new house.　　新しい家、見つけなきゃね。
- How many pens do you have in your pencil case?　　筆箱に何本ペンを入れてる?
- My son says he likes his teacher, but I don't like her.　　息子は先生が好きだといっているが、私はそう思わない。

● 名詞・冠詞・代名詞
- Two cups of coffee with a lot of sugar, please.　　コーヒー2杯、砂糖たっぷり入れてお願い。
- My mother is good at playing the violin.　　うちの母はバイオリンを弾くのが得意だ。
- I have two brothers. One lives with me, and the other abroad.　　僕には兄が2人いて、一人は同居で、もう一人は海外に住んでいます。

● 主語 + 動詞
- She works all day every day.　　あの子、毎日一日中働いてるよ。
- This flower smells sweet.　　この花は甘い香りがするね。
- There is a cat on the roof.　　屋根の上に猫がいるね。
- A bit of chocolate gets rid of fatigue.　　チョコを少し食べたら疲れが取れるよ。
- Getting a sun tan is bad to your skin.　　日焼けは肌に悪いね。

● 形容詞と副詞
- American hamburgers are so big.　　アメリカのハンバーガーはすごく大きいね。
- It's just a small problem.　　たいした問題じゃないね。
- There is something wrong with my stomach.　　胃の調子が何か変だ。
- Indeed, it's scenery worth watching.　　それは確かに見る価値のある風景だ。

● be 動詞と have 動詞
- Be more serious.　　もっとまじめになれよ。
- There is a generation gap between us.　　私たちの間には世代の違いがある。
- We have a long way to go.　　遠くまで行かなきゃね。
- Sorry, I don't have time to see you.　　ごめん、君に会う時間がなくて。

EXERCISE　例文集（英語 ⇄ 日本語）

● 時制

- I always walk to the office.　　僕はいつも会社まで歩きだよ。
- My father has gray hair.　　うちの父は白髪です。
- Call me when you arrive.　　到着したら電話してね。
- Our teacher treated us to dinner last night.　　昨晩は先生が夕食をおごってくれたよ。
- I had long hair when I was young.　　若い頃、僕は長髪でした。
- Are you going to get married next year?　　君、来年結婚するの？
- I'm sure you will get well soon.　　きっとすぐによくなりますよ。

● ～ing形

- I'm looking forward to watching that movie.　　あの映画見るの、楽しみだな。
- I was sleeping when you called me.　　電話してくれた時は寝てました。
- I really enjoyed watching that movie.　　あの映画見て本当に楽しかったよ。
- While watching a movie, I fell asleep.　　映画を見ていて、眠ってしまった。

● 過去分詞

- I'm thinking of buying a used car next time.　　今度は中古車を買おうと思ってるんだ。
- This table is made of wood.　　このテーブルは木製ですね。
- I felt exhausted after a long walk.　　長距離歩いてヘトヘトになった。
- Written in simple English, this book is easy to read.　　簡単な英語で書かれていて、この本は読みやすい。
- The train is gone.　　電車はもう行っちゃったよ。
- Have you ever lived abroad?　　海外在住の経験があるんですか？
- I have lived in Tokyo for twelve years.　　東京に住んで12年になります。
- I had my wallet stolen in the street.　　通りで財布を盗まれた。

● 不定詞

- I'm trying to remember her name.　　あの子の名前を思い出そうとしてるんだけど。
- I'm planning to go to Bali next month.　　来月バリ島に行く計画をしているんだ。
- What's it like to be a billionaire?　　億万長者ってどういうんだろう？
- Give me something cold to drink.　　何か冷たい飲み物をちょうだい。
- I went to New York to study modern art.　　私は現代アートを勉強しにニューヨークに行きました。
- We have cows and use the milk to make butter and cheese.　　牛を飼って、牛乳を使ってバターやチーズを作ります。
- She is too lazy to cook herself any food.　　彼女は怠け者なので自分では何も料理しない。

● 5文型

- I arrived in Sydney just now. — ちょうど今シドニーに着いたところですよ。
- Silk feels smooth. — 絹は肌触りがいいですね。
- Have a look at that bird. — あの鳥を見てご覧よ。
- Would you get me an air ticket to Korea? — 韓国行きの航空券を手に入れてくれますか?
- I can't have you complaining about my idea. — 僕の考えに文句を言わせておくわけにはいかないね。
- Don't leave the door open. — ドアを開けっ放しにしちゃダメだ。
- Why don't you have your hair done? — 散髪してきたらどう?
- I don't like my daughter to smoke. — 娘がタバコを吸うようなことがあってはいかん。
- I don't like my daughter smoking. — 娘がタバコを吸っているのは感心しない。

● 助動詞

- We can't use this personal computer. — このパソコン、使えないよ。
- It can't be as bad as that! — そんなに悪いはずないよな!
- You must come on time to the meeting. — ミーティングには時間通りに来なさいよ。
- Your friend must be in the next room. — お友達は隣の部屋にいるはずですよ。
- You may play video games today. — 今日はテレビゲーム、やっていいよ。
- He may not show up. — 彼は姿を現さないかもしれない。
- You don't have to wash the car. — 車は洗わなくてもいいよ。

● 接続詞

- It's not yet clear whether he will pay the money. — 彼がお金を払うかどうかまだはっきりしない。
- It was snowing when I woke up. — 起きたら雪が降っていたよ。
- Before I knew it, she had already realized that. — 僕がそれを知る前に彼女はもうそれに気づいていた。
- Next time you come, please contact me. — 今度来る時は連絡してください。
- Though he is not perfect, I love him. — 彼は完璧じゃないけど好きです。

● 関係詞

- I want to marry a girl who is a good cook. — 料理の上手な女の子と結婚したいな。
- This is the bus which goes to the university. — これは大学行きのバスです。
- That was the day when I met you for the first time. — あの日に初めて君に会ったんだよね。
- Please eat whatever you want. — 何でも好きなものを食べてください。
- My uncle took me to the baseball game, which was really exciting. — おじさんが野球の試合に連れて行ってくれて、すごく楽しかったよ。

● itの用法

- It's getting darker. — だんだん暗くなっていますよ。
- How much will it cost to send this package to Japan? — この小包を日本に送るにはいくらかかりますか?
- It is pleasant to walk along the beach. — 海岸沿いに歩くと気持ちがいい。
- It was last summer that I climbed the Alps. — アルプス山脈に登ったのは去年の夏でした。

EXERCISE 例文集（英語 ⇄ 日本語）

● thatの用法

· Oh, you ate that fast!	え、そんなに速く食べたのか!
· I expected that he would pass the exam.	彼は試験に合格すると思っていた。
· The president is so busy that he can't meet us.	社長はとても忙しいので私たちには会えません。
· We have a lot of evidence that he is innocent.	彼が無罪だという証拠はたくさんある。

● 仮定法

· If I had enough money, I could buy this ring.	十分お金があれば、この指輪が買えるのに。
· If you had arrived earlier, you could have seen him.	もっと速く到着していたら、彼に会えたのに。
· I wish I had more time to spend with my son.	息子と過ごす時間がもっとあればいいのに。

● 比較

· She earns as much money as her husband.	彼女は旦那さんと同じだけ稼ぎがあるよ。
· Bob is not so big as his brother.	ボブはお兄さんほど大柄じゃない。
· He is much nicer than his brother.	あの子はお兄さんよりよっぽどいいよ。
· The more we get, the more we want.	手に入れれば入れるほどもっとほしくなる。
· This is the most beautiful city in Australia.	ここはオーストラリアで一番美しい都市だよ。

主要不規則動詞活用一覧表
（原形 ── 過去形 ── 過去分詞形）

英語の動詞はそもそも不規則変化でした。後から出て一般化した動詞は軒並み規則変化です。ということは、不規則変化の動詞は、そもそも古くから英語の中にあった英語表現のコアとなる動詞ばかりであることになります。しかし本当に「不規則」でしょうか？いえ、そんなことはありません。以下にその覚えて損がない大切な不規則変化動詞を覚えやすく並べますので、できたら一発でアタマに入れるつもりで観て下さい。（動作をしながら声に出して覚えるとより効果的だと思います。）

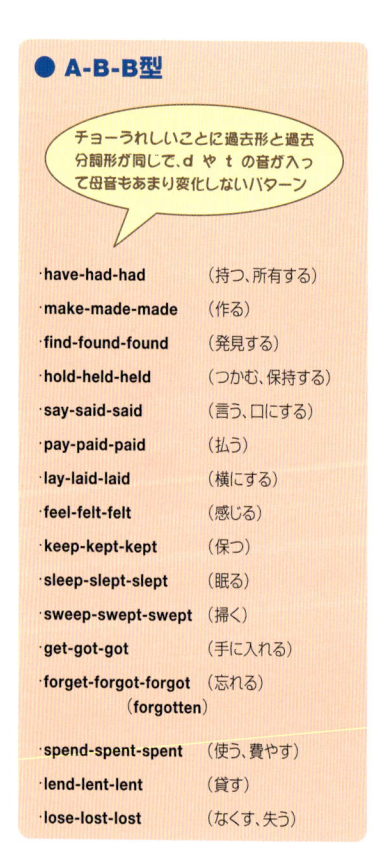

● A-B-B型

> チョーうれしいことに過去形と過去分詞形が同じで、d や t の音が入って母音もあまり変化しないパターン

- have-had-had　　　　　（持つ、所有する）
- make-made-made　　　　（作る）
- find-found-found　　　（発見する）
- hold-held-held　　　　（つかむ、保持する）
- say-said-said　　　　　（言う、口にする）
- pay-paid-paid　　　　　（払う）
- lay-laid-laid　　　　　（横にする）
- feel-felt-felt　　　　（感じる）
- keep-kept-kept　　　　（保つ）
- sleep-slept-slept　　　（眠る）
- sweep-swept-swept　　　（掃く）
- get-got-got　　　　　　（手に入れる）
- forget-forgot-forgot　（忘れる）
　　　　　（forgotten）
- spend-spent-spent　　　（使う、費やす）
- lend-lent-lent　　　　（貸す）
- lose-lost-lost　　　　（なくす、失う）
- leave-left-left　　　　（去る、離れる、残す）
- shoot-shot-shot　　　　（撃つ）
- mean-meant-meant　　　（意味する、意図する）
- meet-met-met　　　　　（会う）
- lead-led-led　　　　　（導く、通ずる）
- sit-sat-sat　　　　　　（すわる）
- stand-stood-stood　　　（立つ）
- understand-understood-understood（分かる、理解する）
- build-built-built　　　（建てる、建設する）
- burn-burnt-burnt　　　（燃やす）
- tell-told-told　　　　（言う、伝える）
- sell-sold-sold　　　　（売る）
- buy-bought-bought　　　（買う）
- bring-brought-brought　（持って来る、もたらす）
- think-thought-thought　（考える、思考する）
- teach-taught-taught　　（教える、指導する）
- catch-caught-caught　　（捕る、つかむ）
- shine-shone-shone　　　（輝く）
- win-won-won　　　　　　（勝つ、勝ち取る）

主要不規則動詞活用一覧表

● A-A-A型

> なんとオイシイ！
> そもそも詰まり気味で
> 変化できなかったグループ

- cut-cut-cut （切る）
- hit-hit-hit （打つ）
- set-set-set （置く）
- put-put-put （置く、つける）
- let-let-let （させる）
- shut-shut-shut （閉じる）
- spread-spread-spread （広がる、広げる）
- read-read-read （読む）
- hurt-hurt-hurt （傷つける）

● A-B-C型

> 過去形で詰ったり t の音が入ったり
> o の音が入ったりして、過去分詞形で
> ニョロ〜ンと n の音を含むパターン

- take-took-taken （取る、連れて行く）
- wake-woke-waken （目覚める）
- hide-hid-hidden （隠す、隠れる）
  （hid）
- bite-bit-bitten （噛む）
- ride-rode-ridden （乗る）
- rise-rose-risen （上がる、上る）
- drive-drove-driven （運転する、追いやる）
- see-saw-seen （見る）
- know-knew-known （知る）
- grow-grew-grown （育つ、育む）
- draw-drew-drawn （描く、引っ張る）
- throw-threw-thrown （投げる）
- give-gave-given （与える）
- break-broke-broken （壊す）
- speak-spoke-spoken （話す）
- steal-stole-stolen （盗む）
- freeze-froze-frozen （凍る）
- choose-chose-chosen （選ぶ）
- bear-bore-born （耐える、産む）
- wear-wore-worn （着る、すり減らす）
- tear-tore-torn （引き裂く）
- write-wrote-written （書く）
- eat-ate-eaten （食べる）
- fly-frew-flown （飛ぶ）
- fall-fell-fallen （落ちる）
- go-went-gone （行く）
- do-did-done （する）
- lie-lay-lain （横になる）

● 母音だけの変化のA-B-C型

- begin-began-begun （始める）
- drink-drank-drunk （飲む）
- sing-sang-sung （歌う）
- sink-sank-sunk （沈む）
- swim-swam-swum （泳ぐ）

● A-B-A型

- come-came-come （来る）
- become-became-become （〜になる）
- run-ran-run （走る）

あとがき

松永暢史

私が「奇跡」だの「カリスマ」だの言われる本当の理由は、ひょっとすると、人にたくさん仕事をさせてしまう能力にあるのかも知れません。受験成功は本人の努力によって成立します。これは自明のことです。何も奇跡とかカリスマとか呼ぶ必要はありません。ところでこの能力が実は大人にも有効だと言うことを薄々気づいてはいましたが、今回ばかりは本当に驚きました。私がしたことは、「2時間で終わる英文法」という小冊子を共著者の河原氏に渡したことだけです。後は氏があっという間に文章を書き、あっという間にイラストを描き、あっという間に主導権を一人占めし、あっというま（？）にこの本を完成してしまったのでした。この男の口グセは、「じゃあこうしましょう」です。ところがもう一人これを口グセにする男がいました。それはこの本の編集者です。この本は、この2人の「じゃあこうしましょう」の連続で出来上がったものと言っても過言ではありません。それはあたかも原案者の私にほとんど仕事に参加させないようにすることが得策でもあるかのようでした。しかし、こうしてできたものを見ると、予想を何倍も超えて良いものができている気がします。正直言って超嬉しい。何よりもこれでもう英文法を教えなくてすむではないか。楽になる。それは実に好いことだ。他にもこの本の作成には不思議と余分に仕事をする人ばかりが参加した。彼等は、自分の仕事以上に他人の仕事を奪おうとするタイプの人たちでした。イラストレーターの永福さんにも本当に好い仕事をしていただきました。筆者秘かに、これは本当に多くの人の助けとなるものができたかも知れないと思うところであります。今振り返ると、だからこそみんな協力してくれたのだとも思えてきます。そして賽は投げられる。ここに協力関係クルー全員に厚く感謝申し上げます。

河原清志

これまでの英文法は言語知識と言語能力とを混同していて、細かい知識ばかりを暗記することに終始していました。ところが、本書でお分かりのように、言語を運用する能力は細かい文法項目の暗記とは違います。英文が表す事態を頭でイメージして英文が実感を伴って分かるようになり、瞬時に英語が作れることが大切なのです。

僕はこれまでの難解な英文法に対して高校生の頃からずっと疑問を感じていました。そして、その疑問を見事に分かり易く解いてくれたのが、慶応大学の田中茂範先生でした。本書は田中先生の斬新かつわかりやすい理論を基に作りました。先生は認知意味論という理論に基づいて2003年に『E-GATE 英和辞典』をベネッセから出され、僕も執筆を担当しました。単語やイディオムの学習には必須の辞書です。これに限らず田中先生から僕自身が学んだ一般向けの学習書をここに掲げますので、是非参照してください。

- 『動詞がわかれば英語がわかる』ジャパンタイムズ、1989年
- 『発想の英文法』アルク、1993年
- 『英単語ネットワーク 前置詞編・基本動詞編・名詞編・形容詞編』アルク、1993年
- 『「動詞」から始める英文法』アルク、1995年
- 『「ネットワーク」で覚える英単語』アルク、1995年

最後に、本書を企画してくださった松永氏。僕を信頼してくださって斬新な企画を寛大に受け止めてくださいました。理想的な教育のあり方をこれほどまでに熱く語る人はいないでしょう。その情熱が本書を出版にまで至らせてくださいました。また、この本の編集者である梶原氏には新しい発想を世に送り出すことに大変積極的で、寛大かつ熱意を持って本書を出版してくださいました。イラストレーターの永福さん、デザイナーの石塚さんにも大変お世話になりました。ここに感謝いたします。

●松永暢史(まつなが・のぶふみ)プロフィール

1957年、東京都生まれ。慶應義塾大学文学部哲学科卒。教育環境設定コンサルタント、能力開発インストラクターとして活動。多くの受験生を教えていく中で、独自の教育メソッドを多く開発した。「最低点法」をはじめ「音読法」や「作文法」などを駆使して、周囲を驚愕させる「志望校合格」を次々と実現。いまや「奇跡の家庭教師」の名をほしいままにしている。著書に『子供を伸ばす音読革命』『常識破りの日本語文章術』(共に主婦の友社)『受験術』(ザ・マサダ)『わが子は「最低点法」で勝つ』(祥伝社)『子供を無理なく志望校に入れる方法』(アミューズブックス)などがある。

<連絡先> ブイネット教育相談事務所
〒167-0042 東京都杉並区西荻北2-2-5 平野ビル3F
電話 03(5382)8688　FAX 03(5382)8753
ホームページ http://www.vnet-consul.com/

●河原清志(かわはら・きよし)プロフィール

1970年、岡山県生まれ。上智大学法学部国際関係法学科卒。現在、英語学校、予備校講師。慶応大学SFC研究所訪問研究員、日本通訳学会会員。司法通訳や翻訳も手がける。『E-GATE英和辞典』ベネッセ，2003年の執筆担当。認知言語学の立場から新しい発想にたった英語教育、通訳・翻訳研究を行う。

英語学校では英語を仕事で使いたい、上級英語を習得したい、という社会人を主に対象に、英検の指導(1級〜2級)を行う。同時通訳訓練法を応用したリスニング・スピーキングのマスター法は大好評。また、情報構造論や作動記憶モデル等を踏まえたリーディングの方法論も大好評。読む・聴く・書く・話すという四技能を有機的に一体化させた指導法を展開。

また、予備校では英語力と得点力とを明確に区別し、英語力強化のための方法論を言語学や特に英語教授法を踏まえてわかりやすく解説する一方で、得点力増強のための方法論として大学入試問題を徹底的に分析し、確実な得点獲得法を合格最低点法という方法で極めて合理的かつ実践的に指導し、合格者を多数輩出している。

●英文校閲　Barry B. Ghavami

絵で英文法
松永暢史＋河原清志

2003年7月10日初版発行

発行者　横内正昭
発行所　株式会社ワニブックス　〒150-8482 東京都渋谷区恵比寿4-4-9
電　話　03-5449-2711(代表)
振　替　00160-1-157086
印刷所　株式会社シナノ

イラスト：えいふくかよ
デザイン：石塚正則・松本英子(half moon)

ISBN4-8470-1511-8　Printed in Japan 2003
乱丁・落丁本はお手数ですが小社営業部宛にお送りください。送料小社負担にてお取替えいたします。

name

address

□□□-□□□□

phone number

☎

aim